# Família
# e educação

Coleção Família na Sociedade Contemporânea

*Família e educação: olhares da psicologia* –
Lúcia Vaz de Campos Moreira e Ana A. M. Carvalho (orgs.)

*Família no século XXI: abordagem relacional* –
Pierpaolo Donati

*Família, gênero e gerações: desafios para as políticas sociais* –
Ângela Borges e Mary Garcia Castro (orgs.)

*Família, população, sexo e poder: entre saberes e polêmicas* –
José Euclimar Xavier de Menezes e Mary Garcia Castro (orgs.)

*Família, subjetividade, vínculos* –
Lúcia Moreira e Ana A. M. Carvalho (orgs.)

Lúcia Vaz de Campos Moreira
Ana M. A. Carvalho
(Organizadoras)

# Família e educação

## olhares da psicologia

**Dados Internacionais de Catalogação na Publicação (CIP)**
**(Câmara Brasileira do Livro, SP, Brasil)**

Moreira, Lúcia Vaz de Campos
   Família e educação : olhares da psicologia / Lúcia Vaz de Campos
Moreira, Ana M. A. Carvalho. – 3. ed. – São Paulo : Paulinas, 2012. –
(Coleção família na sociedade contemporânea)

   Bibliografia.
   ISBN 978-85-356-3298-9

   1. Educação   2. Educação de crianças   3. Família – Aspectos
sociais   4. Psicologia educacional   I. Carvalho, Ana M. A.   II. Título.
III. Série.

12-10182                                                                                   CDD-370.15

**Índice para catálogo sistemático:**

1. Família e educação : Psicologia educacional   370.15

3ª edição – 2012

Direção-geral: *Flávia Reginatto*
Editora responsável: *Luzia M. de Oliveira Sena*
Assistente de edição: *Andréia Schweitzer*
Copidesque: *Mônica Elaine G. S. da Costa*
Coordenação de revisão: *Marina Mendonça*
Revisão: *Ana Cecilia Mari*
Direção de arte: *Irma Cipriani*
Gerente de produção: *Felício Calegaro Neto*
Capa e editoração eletrônica: *Telma Custódio*

---

*Nenhuma parte desta obra poderá ser reproduzida ou transmitida*
*por qualquer forma e/ou quaisquer meios (eletrônico ou mecânico,*
*incluindo fotocópia e gravação) ou arquivada em qualquer sistema ou*
*banco de dados sem permissão escrita da Editora. Direitos reservados.*

---

**Paulinas**

Rua Dona Inácia Uchoa, 62
04110-020 – São Paulo – SP (Brasil)
Tel.: (11) 2125-3500
http://\www.paulinas.org.br – editora@paulinas.com.br
Telemarketing e SAC: 0800-7010081

© Pia Sociedade Filhas de São Paulo – São Paulo, 2008

APRESENTAÇÃO ...... 11
*Lúcia Vaz de Campos Moreira e Ana Maria A. Carvalho*

**CAPÍTULO 1**
Cuidado e negligência na educação da criança
na família ...... 17
*Zélia Maria Mendes Biasoli-Alves*

**CAPÍTULO 2**
O olhar de pais de camada média sobre a educação
de filhos ...... 33
*Lúcia Vaz de Campos Moreira e*
*Zélia Maria Mendes Biasoli-Alves*

**CAPÍTULO 3**
Educação compartilhada entre mães e avós ...... 59
*Lílian Perdigão Caixêta Reis e Elaine Pedreira Rabinovich*

**CAPÍTULO 4**
A mediação da babá na relação com crianças
em ambiente doméstico ...... 77
*Cristiani Beltran Fanti e Marilena Ristum*

**CAPÍTULO 5**
Infância roubada: brincadeira e educação infantil
no Brasil ...... 119
*Eulina da Rocha Lordelo, Ana Maria Almeida Carvalho*
*e Ilka Dias Bichara*

## Capítulo 6

Expectativas paternas e experiências dos estudantes num internato: referências para o desenvolvimento de uma prática pedagógica mais ampla...............139
*Demóstenes Neves da Silva e Elaine Pedreira Rabinovich*

## Capítulo 7

A bênção paterna...............165
*Amauri Munguba Cardoso*

## Capítulo 8

O descompasso entre a função parental e a dupla carreira dos pais...............197
*Célia Nunes Silva e Sílvia Maria Guerra Anastácio*

## Capítulo 9

A teoria de Urie Bronfenbrenner: uma teoria contextualista?...............209
*Jonathan Tudge*

# FAMÍLIA
# NA SOCIEDADE
# CONTEMPORÂNEA

O tema *família* esteve fora do foco acadêmico-científico durante muitos anos no nosso país. Em uma espécie de eco ao discurso que difunde as mudanças pelas quais passa essa unidade societária, o assunto foi submetido a um "silêncio eloqüente" nos ambientes universitários, como a caucionar certo posicionamento de que estaria em vias de extinção. No entanto, nos últimos vinte anos surgiram no cenário internacional inúmeros centros de estudos da família, e estudiosos das mais diversas áreas verificam que tal instituição, mesmo afetada por mudanças socioculturais, éticas e religiosas, reage aos condicionamentos externos e, ao mesmo tempo, adapta-se a eles, encontrando novas formas de organização que, de algum modo, a reconstituem.

Desse modo, a exemplo dos *Family Studies* consolidados na Europa e nos Estados Unidos, no Brasil a iniciativa de constituir a família como objeto de investigação acadêmico-científica surge, de um ponto de vista sistemático, a partir da criação do Programa do Mestrado em Família na Sociedade Contemporânea (www.ucsal.br), da Universidade Católica do Salvador. O Mestrado tem caráter multidisciplinar e concentra suas atividades em duas linhas de pesquisa: 1. Família e sociedade; 2. Contextos Familiares e Subjetividade. Dá ênfase à sociologia e à psicologia, ao mesmo tempo que interpela várias outras ciências humanas para que, com seus conceitos, métodos, técnicas e *corpus* teórico, possam contribuir na compreensão do fenômeno. E, além de organizar o trabalho de investigação em grupos – os quais examinam temas como família em mudança, desenvolvimento humano, epistemes da família e juventude, identidade, cidadania e cultura –, cultiva também relações de cooperação acadêmica com diversos centros de pesquisa do Brasil e do exterior.

Esse movimento vai de encontro à evidência de que, atualmente, a família é considerada um dos maiores recursos de sustentação para a pessoa e para a sociedade, sendo escolhida como parceira da administração pública para a realização de políticas sociais. Além disso, sondagens de opinião revelam que os jovens brasileiros julgam-na como um valor essencial. Por isso, está sendo estudada pelas diversas áreas de conhecimento, visando compreender as razões de sua existência, as formas de sua organização, as mudanças que a influenciam, as tensões e os conflitos que a permeiam, o futuro que se descortina a partir da ação dos seus componentes.

Nessa dinâmica, inscreve-se o I Seminário Internacional "Família contemporânea: desafios à intimidade e à inclusão social", realizado em Salvador-BA, de 9 a 11 de outubro de 2006. Tal evento constituiu ocasião, favorecida pela presença amiga de Paulinas Editora, para programar a publicação de um conjunto de textos acadêmicos sobre a família, agora apresentado ao público por meio desta coleção.

A coleção Família na Sociedade Contemporânea, publicada por Paulinas Editora, tem a finalidade de apresentar reflexões de autores nacionais e internacionais que colaborem na construção de um *corpus* discursivo acerca do tema, contribuindo para ampliar o espaço de diálogo e o debate de caráter multidisciplinar. A complexidade da família assim o exige. E o conteúdo dos livros reunidos aqui se dirige não somente a especialistas, mas a todos os interessados em compreender, de maneira rigorosa, a realidade família.

*Giancarlo Petrini*
*José Euclimar Xavier de Menezes*
*Lúcia Vaz de Campos Moreira*
Organizadores da coleção

# APRESENTAÇÃO

*Lúcia Vaz de Campos Moreira*
*Ana Maria Almeida Carvalho*

A coleção "Família na Sociedade Contemporânea" apresenta aqui mais uma obra que reflete o importante esforço científico que a Universidade Católica do Salvador faz, através do Mestrado em Família na Sociedade Contemporânea, para compreender a complexa realidade da família contemporânea. Para tanto, a coleção apresenta a colaboração de docentes e discentes do próprio mestrado, assim como de renomados pesquisadores nacionais e internacionais.

O livro *Família e educação: olhares da psicologia* – faz uma reflexão sobre a educação na família e na instituição a partir de contribuições teóricas e relatos de pesquisas. Enfoca elementos fundamentais da educação da criança nos tempos atuais: o pai e a mãe, principais protagonistas da educação dos filhos, as avós, a presença da babá e a instituição de educação infantil.

Os autores, basicamente provenientes da área de psicologia, estudaram diferentes contextos socioculturais, o que pode colaborar para uma visão mais ampla da educação oferecida à criança.

O primeiro capítulo, de Zélia Biasoli-Alves, ao abordar o cuidado e a negligência na educação da criança na família, analisa o conceito de infância, criança e educação à luz das moralidades dominantes nos últimos séculos. Discute resultados de pesquisas sobre educação de filhos com membros de camadas médias e populares de uma cidade do Sudeste do Brasil. Resume ainda dados de pesquisa com jovens avaliando a educação recebida na família.

O texto seguinte, de Lúcia Moreira e Zélia Biasoli-Alves, relata pesquisa sobre as concepções e as práticas educativas de pais e mães com nível superior de escolaridade, as principais dificuldades encontradas por eles nesse processo educacional e como abordam a questão de limites. Os resultados apontam para o fato de pais e mães se perceberem como protagonistas da educação dos filhos e também se identificarem com o foco das dificuldades educacionais. Os participantes do estudo ainda enfatizam a necessidade de estabelecer limites, ao mesmo tempo que assinalam a importância da afetividade e da conversa.

O terceiro capítulo, de Lílian Reis e Elaine Rabinovich, enfoca parte da dissertação de mestrado da primeira autora, a qual observa nos seis casos estudados – jovens do sexo feminino de bairro de baixa renda – que as avós aparecem como figuras importantes na educação de netas na infância, suprindo carências da função materna. Outros elementos relevantes apresentados no estudo são: ausência do pai, as jovens assumindo a condição de arrimo de família e preocupações em não deixar a mãe sozinha, embora haja relação conflituosa com ela. Essa preocupação com a mãe é identificada com a dificuldade do estabelecimento de vínculos amorosos por parte das jovens.

O quarto texto, de Cristiani Fanti e Marilena Ristum, trata da atuação da babá como mediadora das relações entre a criança e o seu ambiente sociocultural e físico. O estudo representa uma contribuição de pesquisa sobre tema carente de aprofundamentos. As autoras referem a pouca precisão quanto à formação e função da babá e refletem criticamente sobre: o cuidado como função intrínseca da mulher; a diferenciação entre cuidar e educar; o cuidado no ambiente doméstico e no institucional; o cuidado que prescinde de capacitação profissional. Também é feita reflexão sobre a cultura no processo de hominização e sobre o impacto da mediação no desenvolvimento da criança. Participaram do estudo 14 babás, sendo focalizada a interação delas com crianças de um ano e seis meses a três anos, em duas práticas socioculturais de cuidado: refeição de almoço e brincadeira livre. As autoras ressaltam que, para se compreender os estilos mediacionais utilizados pelas babás na interação com a criança, uma multiplicidade de fatores devem ser considerados: as especificidades da criança cuidada, a história pessoal e profissional da babá e o cotidiano doméstico em que se processam tais relações.

O quinto capítulo, de Eulina Lordelo, Ana Carvalho e Ilka Bichara, faz uma importante reflexão sobre a infância, a relevância do brincar e o papel da instituição de educação infantil. As autoras examinam criticamente o que a sociedade brasileira tem tentado fazer para atender às necessidades da criança de zero a seis anos.

O sexto texto, de Demóstenes Neves da Silva e Elaine Pedreira Rabinovich, toma como ponto de partida a educação escolar em regime de internato, dedicando-se a compreender o ambiente da escola enquanto contexto para a prática pedagógica, através das perspectivas dos pais e dos internos.

No sétimo capítulo, Amauri Cardoso utiliza ferramentas da psicologia analítica para analisar a importância da imagem parental na vida dos filhos. Para tanto, faz uso de dois recortes culturais distintos: as sagas patriarcais colhidas da história hebraica a partir dos registros bíblicos e dados autobiográficos de Franz Kafka.

No oitavo texto, de Célia Nunes Silva e Sílvia Anastácio, há uma reflexão teórica a respeito da influência que as mudanças econômico-sociais, ocorridas nas últimas décadas, exerceram sobre a família. As autoras enfatizam as mudanças na vida da mulher, fazendo com que ela tenha que combinar trabalho com vida pessoal, conjugal e o papel materno. Concluem afirmando a positividade de o casal se valorizar, sem pretender que um de seus membros seja melhor do que o outro.

Finalmente, no nono capítulo, Jonathan Tudge apresenta a teoria de Bronfenbrenner e justifica as razões pelas quais a classifica como contextualista, embora considere que esta aborda insuficientemente o papel da cultura no desenvolvimento humano.

# CUIDADO E NEGLIGÊNCIA NA EDUCAÇÃO DA CRIANÇA NA FAMÍLIA

**CAPÍTULO 1**

*Zélia Maria Mendes Biasoli-Alves*[*]

---

[*] Professora da Faculdade de Filosofia, Ciências e Letras de Ribeirão Preto (USP).

Sabe-se que não só o conceito de infância aparece tardiamente na evolução da humanidade, apresentando seus primeiros sinais no Renascimento, como também que vieram se alterando substancialmente as maneiras de criar e educar as crianças, formas estas condicionadas por macrovariáveis do social e por ideários próprios de cada época, cultura e grupo social (ARIÈS, 1981; POSTMAN, 1982). Da antiguidade greco-romana aos dias de hoje, sucedem-se as moralidades, cada qual priorizando certos valores (NEWSON & NEWSON, 1974), recusando ou aprovando formas mais ou menos extremas de se lidar com a afetividade, a concessão de liberdade/autonomia à criança, a consistência das práticas, a autoridade dos adultos em relação aos filhos e a busca de orientação (BAUMRIND, 1965; 1980).

Este trabalho tem por objetivo discutir resultados de pesquisas que vêm sendo realizadas através de entrevistas, questionários e inventários com membros de famílias de camadas médias e populares, que tiveram seus filhos pequenos em momentos diferentes do século XX, buscando identificar os modos diversos de as famílias entenderem o cuidado em relação à geração mais nova e os condicionantes que aquelas que vivem em situação de pobreza enfrentam no atendimento das necessidades de suas crianças e adolescentes (CALDANA, 1998; DIAS DA SILVA, 1986; SIMIONATO-TOZO & BIASOLI-ALVES, 1998).

Aspectos específicos focalizados mostram que: 1) a autoridade dos adultos, num espaço de quatro a cinco décadas, passou de extremamente valorizada a criticada e abandonada, sobretudo para as famílias de camadas médias, uma vez que a maneira de educar, impondo a obediência aos filhos, é um padrão mais comum entre as de camada popular; 2) a consistência quase absoluta de regras e normas, estabelecendo o certo e o errado de maneira geral e imutável, caminha gradativamente para a ausência de constância no que é permitido e interdito, o que gera grande insegurança nos pais quanto ao que devem fazer, ao mesmo tempo que abre espaço para uma desorganização das práticas, podendo ser interpretado como descaso para com os filhos e colocando estes adultos como negligentes; 3) por outro lado, a valorização extremada da autonomia e do bem-estar das crianças, independentemente de redes de apoio às famílias, tem como conseqüência que os pais fiquem com a tarefa de prover condições e permitir escolhas, modificando-se grandemente o seu papel e trazendo sobrecarga para os de baixa renda. Salienta-se na discussão, após a análise das alterações que aconteceram ao longo do século XX e das diferenças existentes entre famílias de condições socioeconômicas diversas, a necessidade de se conhecer a realidade, as dificuldades e os recursos de que as famílias dispõem para se poder pensar em projetos que venham a promover o seu desenvolvimento e de seus membros.

> Em cada família existe um infinito de valores transmitidos de geração a geração, e, em todo esse testemunho passado e partilhado num envolvimento de afeto e de identidade, sobrevive e desenvolve-se um sentido de poder e orgulho que reforça o caráter e inspira o comportamento (GOMES-PEDRO, 1995, p. 44).

O critério de avaliação de uma nação deveria estar na análise do cuidado que a geração mais velha tem para com a mais nova (BRONFENBRENNER, 1995, p. 135).

As diferentes áreas do conhecimento mostram que são muitos os ângulos pelos quais se pode buscar conceituar o que vem a ser família. Pode-se pensá-la do ponto de vista psicológico, como analisá-la sob o prisma social, cultural ou segundo a evolução histórica em determinadas sociedades e mesmo a partir de leis que regem a sua formação, dissolução e também as questões do Pátrio Poder dos pais diante de sua prole.

Nas colocações de Gomes (1990), a família tem especificidades que a distinguem de qualquer outra instituição e nela se defrontam e se compõem as forças da subjetividade e do social. Portanto, ao assumir a educação da geração mais nova, ela irá levá-la, como sujeito de aprendizagem social, a interiorizar um mundo mediado, filtrado pela sua forma de se colocar perante ele; assim, os padrões, valores e normas de conduta do grupo em que ela está inserida serão transmitidos de modo singular à criança, que por sua vez irá assimilá-lo segundo suas idiossincrasias.

A socialização pode assim ser analisada através de um modelo de influências bilaterais, dialeticamente constituído, o que significa admitir que há uma evolução constante e que para ela concorrem, na interdependência que as caracteriza, tanto a propulsão para o desenvolvimento que cada um traz consigo – mas que se forja dentro deste processo –, quanto as condições que o ambiente lhe oferece.

E isso não invalida o fato de as crianças de uma cultura serem socializadas para se tornarem adultos dentro daquela cultura, naquele período da história, e de que as idéias a respeito de desenvolvimento infantil e do que significa a tarefa que o ambiente assume de cuidar para que ele ocorra do modo mais saudável possível não estejam emergindo em contextos sociohistóricos e culturais específicos, em que valores, crenças e práticas acham-se fundamentados numa tradição e, mais recentemente, em sociedades do mundo ocidental, no conhecimento técnico-científico (SCHAFFER, 1996; BIASOLI-ALVES, 1997).

Do ponto de vista da família, isso significa que as gerações mais velha e mais nova vão estar em um processo constante de aprendizagem uma com a outra, independentemente de se estar considerando pessoas de uma classe social econômica e educacional elevada ou do que se denomina hoje de camadas populares. E, a despeito da observação de mudanças grandes e profundas na vida familiar, conseqüência natural do conjunto de transformações por que passaram as sociedades nas últimas décadas do século XX, que levaram a alterações sérias nos papéis desempenhados por homens e mulheres, gerando atitudes e comportamentos antes desconhecidos, a família ainda permanece como a forma predominante de estruturação da vida em grupo, na maior parte das sociedades, mantendo-se como a grande responsável pela criação e educação das gerações mais novas, mesmo que conte com o apoio de outros vários tipos de instituição como creches, hoteizinhos de bebês, escolas maternais, jardins-de-infância, parques infantis, núcleos de assistência à infância e adolescência.

Mas não se pode, a partir dessas constatações, afirmar que não houve mudança nos conceitos de ideal de criança, de adulto, no valor e função da infância e, em especial, na crença sobre a adequação e competência de certas práticas de cuidado e educação para o controle do comportamento dos mais novos.

## 1. A evolução do pensamento sobre infância, criança e sua educação

O conceito de infância, tal como tratado a partir do início do século XX, visto agora como um período especial da vida, que determina, de certa forma, como será o indivíduo adulto, tendo, portanto, os acontecimentos nele ocorridos conseqüências para a vida futura, apareceu, segundo Ariès (1981), bem tardiamente na evolução da humanidade, apresentando seus primeiros sinais no Renascimento, isso é resultado de todo um movimento social que veio trazer à tona a discussão das condições de vida de diferentes contingentes da população, levantando uma série de problemas até então inteiramente imersos num cotidiano em que não havia nenhuma contestação quanto ao *status quo*, porque se considerava a criança um adulto em miniatura, tratando-a da mesma forma que a ele.

Contudo, é importante assinalar que, sim, essas mudanças que levaram inclusive a que o século XX fosse denominado o Século da Criança antes não existiam, ainda que também da Antiguidade Greco-Romana até o final do século XIX não se tenha sempre mantido uma mesma forma de cuidar e educar os filhos, nas diversas sociedades existentes nesse longo período; as diferentes maneiras de as sociedades e as famílias considerarem o que deveria ser feito para o cuidado da prole podem ser identificadas ao se recorrer à *História das Mentalidades* (ARIÈS & DUBY, 1990; DUBY & PERROT, 1995; BURGUIÈRE et al., 1996), o que permite compreender esse longo passado e ter até mesmo um entendimento diverso do que existe no presente, visualizando o papel central da criança na família hoje e imaginando-a como um ser em preparação que estará presente num tempo que não será mais o dos atuais adultos, e que, portanto, não se terá a oportunidade de ver (POSTMAN, 1982). Nessa perspectiva, educar vem impregnado da preocupação com o presente, mas, sobretudo, com o futuro.

E a análise do passado pôs em evidência que, no mundo ocidental e cristão, sucederam-se diversas moralidades, cada qual priorizando certos valores, recusando ou aprovando formas mais ou menos extremas de se lidar com a afetividade, a concessão de liberdade/autonomia à criança, a consistência das práticas, a autoridade dos adultos em relação aos filhos e a busca de orientação.

# 2. Moralidades presentes e/ou dominantes nos últimos séculos: Europa – Inglaterra – Américas

Em um grande número de países, com reflexos diretos no Brasil, identifica-se, durante os séculos XVIII e XIX, uma primeira *moralidade* determinando as práticas de cuidado e educação da criança na família, que foi denominada *religiosa*, centralizada na idéia de salvar a alma da criança, e que, para torná-la temente a Deus, valoriza em extremo a *obediência*. Portanto, os limites são estreitos e, em absoluto, é possível acatar das crianças e dos pais qualquer forma de desrespeito à rigidez imposta por normas de conduta que exigem que a criança seja passiva na mão dos adultos e da religião.

Algum tempo depois, sob a influência do Movimento Médico-Higienista do final do século XIX, e das conseqüências da primeira Guerra Mundial, surge a *moralidade higienista*, que busca não mais a alma pura, mas a sobrevivência e um corpo sadio, aliado a um caráter igualmente são; as crianças de agora serão submetidas a um treinamento intensivo para que, através da regularidade de hábitos e total ausência de satisfação de suas "vontades", venham a ser autodisciplinadas; portanto, a criança ideal ainda é aquela que segue rigorosamente as regras que o mundo adulto lhe impõe, não levanta a voz para questionar as ordens que recebe, é limpa, correta e rigidamente preparada, sendo intoleráveis quaisquer desvios de conduta (NEWSON & NEWSON, 1974).

Em outro momento, novas influências e nas décadas de 1930/1940, valores e práticas são alterados em função de um conhecimento que vai eclodindo – o psicológico –, fazendo surgir a *moralidade das necessidades naturais*, em que tudo passa a ser visto como bom desde que natural, fruto do desejo e da vontade da criança, a qual é vista como capaz de se autodeterminar, devendo opinar, questionar para que os adultos a considerem "inteligente e de personalidade". Nesse momento observa-se o aparecimento de uma tolerância acentuada quanto às inadequações de comportamento. Os adultos começam a se curvar aos ditames, cada vez mais fortes, do conhecimento técnico-científico a respeito do "certo e do errado" em educação infantil e se instala uma grande insegurança nos educadores.

Gradativamente o aprofundamento do relacionamento pais x filhos torna-se a meta da família a partir da década de 1950, e o predomínio é agora de uma *moralidade individualista e de curtição* que vê a criança essencialmente como objeto de afeto, fonte de aprendizagem, contato prazeroso, mantidas as condições de liberdade preconizadas pela divulgação de abordagens psicológicas que chama a atenção para tudo o que pode produzir problemas futuros.

Dos anos 1980 em diante reaparece uma discussão sobre valores e delineia-se uma *moralidade mista*, preocupada com o desenvolvimento (afetivo/social/emocional) saudável da criança, conservando uma prática mais individualista do que regulada por normas gerais, fundada na idéia da necessidade da liberdade para a auto-realização e felicidade.

Todas essas transformações, sem dúvida, não foram lineares nem se fizeram sem tropeços, havendo muitos momentos de confluência e de discrepância entre o desejado e o realizado, o esperado e o obtido. E a complexidade é maior hoje porque as mudanças foram rápidas demais e existe um conflito intenso entre a socialização primária – com os valores recebidos da família – e a secundária, fruto da assimilação de novos padrões durante a juventude e vida adulta, no contexto extrafamiliar.

## 3. Famílias brasileiras e a educação ao longo do século XX

A análise e discussão de resultados de pesquisas que vêm sendo realizadas através de entrevistas, questionários e inventários com membros de famílias de camadas médias e populares, que tiveram seus filhos pequenos em períodos diferentes do século XX,[1] têm permitido identificar os modos diversos de as famílias entenderem o cuidado em relação à geração mais nova, segundo o momento em que a infância está sendo focalizada. E há temas mais enfatizados pelos participantes, como a diferença nos valores de uma geração para outra, a questão da liberdade dada à criança hoje e as regras que norteiam a sua educação em momentos específicos.

---

[1] Dados colhidos em um estado da Região Sudeste do Brasil.

## O cotidiano no início do século XX

- Famílias descritas como tendo uma constelação ampla, com muitos filhos e pouca diferença de idade de um para outro; convivência estreita e freqüente entre as diversas gerações.
- O espaço é amplo, dentro e fora da casa.
- O cotidiano das crianças de camada média é dominado por brincadeiras e atividades, que elas mesmas organizam, enquanto as de camada popular trabalham com os adultos.
- Há certa distância entre o mundo – e conseqüentemente das preocupações e dissabores – dos adultos e o das crianças.
- As relações são sempre marcadas pelo extremo respeito aos mais velhos: "[...] eu não sei... os tempos antigos eram diferentes, a gente não podia responder, a gente não podia se meter na conversa de adulto... Meu pai era bom, mas era ele lá em cima e a gente lá em baixo... tinha que respeitar" (mãe, 85 anos).
- Há parcimônia no vestir, no se alimentar, mesmo para as camadas médias.
- Os valores morais são estritamente cultivados, com uma exigência no cumprimento das normas e uma educação voltada para o trabalho, fundamentada no "bom exemplo" dos adultos, independentemente de serem crianças de camadas médias ou populares.

## O cotidiano e atividades com crianças de 1930 a 1980

Um conjunto grande de alterações são detectadas já no final da década de 1920, e vão se acentuando à medida que decorre o tempo.

- As famílias, sobretudo as de camada média, foram gradativamente diminuindo o número de filhos (de 10-12 ou mais para 5, depois 3, em seguida 2 e finalmente 1 ou nenhum), fazendo uso de diferentes métodos anticoncepcionais, controlando os nascimentos, o que evidencia a preocupação com as condições econômicas necessárias para garantir o estudo das crianças, brinquedos, lazer e um encaminhamento profissional desejado.

- O espaço físico transitado pelas crianças de camada média vai do amplo ao limitado, acompanhado da diminuição da liberdade de se deslocar de um canto a outro da cidade e da restritividade da casa e de ambientes pequenos a ela afins; diminui o número de companheiros nas brincadeiras, aparece o brinquedo psicopedagógico e tem início a substituição do jogo espontâneo pelo treinamento nos esportes e a introdução das competições; a rua como ponto de encontro e brincadeiras permanece apenas para as de camada popular, nos bairros periféricos.

- Nas décadas de 1930/1940 as famílias saíam em bloco para atividades religiosas, sociais, de lazer; na década de 1970 tem início o estabelecimento da divisão do que é uma atividade própria para a faixa etária e a idéia de que cada um deve ter seu próprio grupo de pares e sair para fazer o que gosta, de forma independente.

"Hoje em dia os pais deixam os filhos em casa para poder aproveitar mais... nós, não, não se usava deixar (mãe, 90 anos).
Ah... chega uma hora em que eu quero ter meu tempo, minha vida, para poder falar, conversar..." (mãe, 38 anos).

## O caminho traçado pelos valores de 1930 a 1980

Focalizando as camadas médias, tem-se como certo nas décadas de 1930 e 1940:

- A mãe deve ser carinhosa, mas com autoridade para controlar o comportamento do filho.
- As famílias são grandes e um cuida do outro.

- A preocupação com a criança se dirige a dar-lhe boa alimentação, tratá-la com carinho e delicadeza, cuidar de sua saúde, da roupa.

Os padrões de 1950 a 1960 são:

- O adulto é aquele que zela pela criança, para evitar que algo de ruim lhe aconteça.
- Ele cuida, mas tenta não falar muito nem dar explicações.
- A mãe está em casa a maior parte do tempo, com seus afazeres.
- Ela procura corrigir sem bater, deixando ao pai a tarefa de punir mais seriamente o filho.

Há valores e contravalores nos anos 1970/1990:

- O questionamento da rigidez, da autoridade e da exigência do adulto.
- A preocupação de preparar a criança para um "vir a ser", traduzida na colocação dela em diferentes tipos de escola, e cada vez mais cedo.
- O debate sobre o papel da mulher constantemente presente, demarcando posições e fazendo exigências individuais.

Assim, o século XX presenciou:

- a autoridade dos adultos, num espaço de quatro a cinco décadas, passar de extremamente valorizada a criticada e abandonada, carregando junto o respeito a práticas, normas, crenças e atitudes vistas como tradicionais e, portanto, desatualizadas e sem utilidade para a criança/adolescente que vive na modernidade (ou pós-modernidade), permitindo quebras no contato entre gerações.
- a afetividade, caracterizada antes por sentimentos fortes, altamente elaborados, justificados e duradouros, mas contidos por normas severas, deslocar-se para a expressão livre, momentânea, de estados emotivos exacerbados.

- a exigência, fator número um da educação, que visava levar o indivíduo a uma hierarquia de obrigações morais para com a família e a sociedade, deixar aos poucos de existir nesse sentido, dando lugar de destaque ao indivíduo e a suas idiossincrasias.

- a consistência quase absoluta de regras e normas, estabelecendo o certo e o errado de maneira geral e imutável, caminhar gradativamente para a ausência de constância no que é permitido e no que é interdito, tanto no interior da família quanto na sociedade.

- a comunicação, inexistente antes, não possibilitando o questionamento do comportamento dos socializadores, abrir-se integralmente e acentuar o valor do "dizer sempre tudo", do "expressar".

- a participação do pai, figura de autoridade máxima na família, aliada à de grande ausente das tarefas do cotidiano, transformar-se, fazendo dele o amigo, próximo dos filhos, atuante dentro da rotina da casa.

Caminhou-se no sentido da "desrepressão", da liberalização tanto do comportamento quanto da própria subjetividade, seja para as gerações mais novas, seja para as mais velhas. Mas, por outro lado, acentuou-se a preocupação com o certo e o errado na educação, gerando uma procura freqüente por especialistas, na tentativa de obter respostas, baseadas num conhecimento técnico-científico, extremamente valorizado, em detrimento inclusive de toda uma sabedoria popular (BIASOLI-ALVES, CALDANA, DIAS DA SILVA, 1997).

Da mesma maneira, a trajetória das práticas de cuidado foi se modificando, sempre de forma bilateral: à liberdade maior para a criança se conduzir correspondeu um deixar de estar o tempo todo com ela, mas buscando prover atividades capazes de cobrir seu tempo fora da escola; da parcimônia no cotidiano chegou-se ao excesso de uma sociedade de consumo, que exige mais trabalho para gerar uma renda compatível com a aquisição de bens.

São, portanto, alterações que se vão refletir na conceituação do que é uma educação cuidada e o que constituiria negligência dos adultos em relação às gerações mais novas, assumindo-se como correta a colocação anterior de Bronfenbrenner, que enfatiza estar a importância na atenção para com a formação dos que constituirão o futuro de uma nação.

Nesse ponto torna-se importante trazer para discussão e comparação dados de pesquisa com jovens e adolescentes, de diferentes classes sociais, que avaliam a educação recebida na família e julgam o que consideram ser um processo ideal.

De modo geral, meninos e meninas tendem a avaliar que tiveram em sua família uma educação medianamente rígida e exigente, mas muito afetiva, com um nível médio de cuidado, com pouca punição, física ou castigo, e uma comunicação razoável. E que eles mais aceitaram o que os pais fizeram do que se opuseram a eles.

Mas, ao projetarem o ideal em educação, assinalam a necessidade de mais exigência, cuidados e comunicação, o que sugere estarem, esses jovens e adolescentes, sentindo que deveria haver maior proximidade dos adultos, a qual se traduziria tanto em explicar o certo e o errado, oferecendo um conteúdo para pensarem seu código moral, quanto na manutenção do estabelecimento de limites para seu comportamento.

A discussão sobre negligência na educação das gerações mais novas envolve, pois, uma análise de todo o processo, com as variáveis a ele vinculadas, no sentido de verificar se não se está utilizando rótulos, mais do que, de fato, enxergando a real situação em que as famílias se inserem, os recursos (materiais, de tempo, de afetividade) de que dispõem, as formas alternativas de que lançam mão (a busca pela melhor escola, a proteção impedindo um trabalho precoce e a própria correção de seu comportamento através de punição física) para poder cuidar de sua prole, mesmo porque nem sempre podem contar com a ajuda de uma rede de apoio eficaz.

## Referências

ARIÈS, P. *História social da criança e da família*. Rio de Janeiro, Zahar, 1981.

ARIÈS, F.; DUBY, G. *História da vida privada*. São Paulo, Editora Schwartz Ltda., 1990.

BAUMRIND, D. Parental control and parental love. *Children*, v. 12, n. 6, pp. 230-234, 1965.

_____. New directions in socialization research. *American Psychologist*, v. 35, n. 7, pp. 639-652, 1980.

BIASOLI-ALVES, Z. M. M. Famílias brasileiras do século XX: os valores e as práticas de educação da criança. *Temas em psicologia: processos sociais e desenvolvimento*, n. 3, pp. 33-49, 1997.

_____. A questão da disciplina na prática de educação da criança no Brasil, ao longo do século XX. *Veritati*, v. 2, n. 2, pp. 243-259, 2002.

_____. Pesquisando e intervindo com famílias de camadas sociais diversificadas. In: ALTHHOFF, C. R.; ELSEN, I.; NITSCHKE, R. G. (orgs.). *Pesquisando a família*: olhares contemporâneos. Florianópolis, Papa Livro, 2004. pp. 91-106.

BIASOLI-ALVES, Z. M. M.; CALDANA, R. H. L.; DIAS DA SILVA, M. H. G. F. Práticas de educação da criança na família: a emergência do saber técnico-científico. *Revista Brasileira do Crescimento e Desenvolvimento Humano*, v. 7, n. 1, pp. 49-62, 1997.

BRONFENBRENNER, U. Uma família e um mundo para o bebê XXI: sonho e realidade. In: GOMES-PEDRO, J.; PATRÍCIO, M. F. (orgs.). *Bebé XXI*: criança e família na viragem do século. Lisboa, Fundação Calouste Gulbenkian, 1995. pp. 115-126.

BURGUIÈRE, A. et al. *História da família*. Lisboa, Terramar Editora, 1996.

CALDANA, R. H. L. *Ser criança no início do século*: alguns retratos e suas lições. Tese de Doutorado, Universidade Federal de São Carlos, São Carlos, 1998.

DIAS-DA-SILVA, M. H. G. F. *A educação dos filhos pequenos nos últimos cinqüenta anos*: a busca do melhor? Dissertação de mestrado, Instituto de Psicologia da Universidade de São Paulo, São Paulo, 1986.

DUBY, G.; PERROT, M. *História das mulheres*. Porto, Edições Afrontamento, 1995.

GOMES, J. V. Socialização: um problema de mediação. *Psicologia USP*, v. 1, n. 1, pp. 57-65, 1990.

GOMES-PEDRO, J. Desenvolvimento, identidade e educação: perspectivas para o bebé XXI. In: GOMES-PEDRO, J.; PATRÍCIO, M. F. (orgs.). *Bebé XXI*: criança e família na viragem do século. Lisboa, Fundação Calouste Gulbenkian, 1995. pp. 3-23.

NEWSON, J.; NEWSON, E. Cultural aspects in childrearing in the English speaking world. In: RICHARDS, M. (ed.). *The integration of a child in to a social world*. Cambridge, Academic press, 1974. pp. 53-82.

POSTAMAN, N. *The disappearance of Childhood*. New York, Dell Publishing Co, 1982.

SCHAFFER, R. *Social development*. Oxford, Blackwell Publishers Ltda, 1996.

SIMIONATO-TOZO, S. M. P.; BIASOLI-ALVES, Z. M. M. O cotidiano e as relações familiares em duas gerações. *Paidéia: cadernos de Psicologia e Educação*, v. 8, n. 4, pp. 123-136, 1998.

# O OLHAR DE PAIS DE CAMADA MÉDIA SOBRE A EDUCAÇÃO DE FILHOS*

*Lúcia Vaz de Campos Moreira*[**]
*Zélia Maria Mendes Biasoli-Alves*[***]

---

[*] Este texto é parte da tese de doutorado em Psicologia (USP-RP) da primeira autora, sob orientação da segunda.

[**] Doutora em Psicologia (USP) e professora do Mestrado em Família na Sociedade Contemporânea, da Universidade Católica do Salvador, Salvador-BA.

[***] Professora da Faculdade de Filosofia, Ciências e Letras de Ribeirão Preto (USP).

# 1. Introdução

Há questões que angustiam pais e mães nas últimas décadas e que os levam, com freqüência, aos consultórios dos especialistas em busca de uma orientação ou mesmo de uma terapia, numa indagação constante sobre: "Estou agindo certo com meus filhos? A educação que eles estão tendo vai prepará-los para o que irão enfrentar mais tarde? Esse comportamento é ou não um problema e de conseqüências sérias para a vida futura?".

Essas são perguntas que exercem forte pressão no dia-a-dia da família contemporânea. É fato que os pais das gerações mais novas foram levados a rever escalas de valores pela vivência de conflitos e contradições entre a maneira como foram criados e a realidade atual, quando passam a ter a tarefa de educar os filhos. Observa-se que eles exacerbam características negativas da educação recebida ou acirram a rigidez e o autoritarismo anteriormente muito presentes, fazendo uma análise muitas vezes descontextualizada do passado. Os pais passam, então, a buscar incessantemente respostas que possam resolver suas dúvidas e se deparam com uma diversidade de informações, baseadas em pontos de vista teóricos diferentes.

Entretanto, para fornecer orientações pertinentes, é necessário antes conhecer a realidade. É nessa linha que se insere o presente estudo, que aborda as concepções e as práticas de pais e mães, com nível superior de escolaridade, sobre educação de filhos em dois contextos diversos: uma cidade do interior de São Paulo e uma capital do Nordeste brasileiro.

Ao abordar a literatura, observa-se que, segundo Biasoli-Alves (2002), a família é o agente principal de socialização primária, determina as práticas de educação da prole, organiza o ambiente da criança, estabelece maneiras e limites para as interações entre pais, filhos, netos, e propicia condições para o desenvolvimento do bebê, sendo responsável pelas condições que possibilitam a formação da identidade; finalmente, cabe a ela a transmissão de valores e, na vivência do cuidado entre pais e filhos, levar à lealdade intergeracional, tornando-a, assim, um *locus* privilegiado ao desenvolvimento de seus membros (PETRINI & ALCÂNTARA, 2002).

A família tem-se modificado no decorrer da história. Ariès (1981), ao analisá-la desde a época medieval até a moderna, observa o percurso traçado e verifica que, na família medieval, a educação das crianças ocorria como aprendizagem junto a adultos e, a partir dos sete anos, elas eram enviadas a outras famílias. Depois do século XV, parte da educação passou a ser propiciada pela escola, tendo acontecido maior aproximação entre os familiares, em face do surgimento do sentimento de infância. No início do século XVII, segundo o autor, houve proliferação das escolas, pela necessidade de educação teórica, em substituição às antigas práticas de aprendizagem, assim como pelo desejo dos pais de manterem seus filhos perto o maior tempo possível, o que significa que as famílias se foram concentrando na criança, e as relações entre os pais e elas tornaram-se mais sentimentais. Porém, é importante ressaltar que o autor refere-se às famílias que tinham posses e à nobreza. A educação universal só começa a aparecer bem mais tarde.

No que se refere aos tempos atuais, Arriagada (2000) cita grandes mudanças nas famílias latino-americanas nas últimas décadas, como: o declínio do modelo patriarcal; a incorporação massiva das mulheres no mercado de trabalho (inclusive das de camada média); o aumento de lares chefiados por mulheres; o compartilhamento do cuidado e da socialização das crianças; o direito individual (acima do familiar), estabelecendo novas relações entre pais e filhos, com mais direito destes; e a diminuição da hierarquia e da submissão, da predominância de famílias nucleares e das taxas de natalidade.

A família também pode ser vista de acordo com seu ciclo de vida. Carter e McGoldrick (2001) falam de seis momentos: 1) Saindo de casa (jovens solteiros); 2) A união pelo casamento (o casal), formando novo núcleo; 3) Famílias com filhos pequenos, significando aceitar novos membros no sistema; 4) Famílias com filhos adolescentes, exigindo aumento da flexibilidade para incluir a independência dos filhos; 5) Famílias lançando os filhos e seguindo em frente, com um aceite das saídas e entradas no seu sistema; 6) Famílias no estágio tardio da vida, caracterizado por mudança dos papéis geracionais.

Ao discutir os papéis de pai e mãe, e a presença deles na educação da criança, Jablonski (1999) observa que o pai tem com os filhos uma interação mais física e menos íntima, apresentando ênfase nos jogos e no humor. Já a mãe centra-se na proteção, afetividade e tarefas de cuidado do dia-a-dia.

Analisando as práticas de educação usadas pelas famílias com suas crianças, no Brasil, ao longo do século XX e início do XXI, pesquisadores vêm apresentando resultados importantes. Ao resumir características presentes em pesquisas, Biasoli-Alves (2002) menciona que, nas décadas iniciais do século XX, tanto as crenças quanto as atitudes relativas à educação e à criação de filhos vinham essencialmente da religião e do sistema em que as mães haviam sido criadas, numa *moralidade* dita *religiosa*. Embora o olhar delas acompanhasse as crianças, estas usufruíam de grandes espaços para brincar, tendo a oportunidade de diversas e variadas atividades, podendo ainda determinar livremente o uso do seu tempo. Os adultos controlavam as crianças e exigiam obediência e bom comportamento, utilizando punições severas. Pouco ocorria, por parte deles, elogiar ou agradar, assim como explicar suas ordens e proibições. Já nas décadas de 1950 e 1960, tanto as atitudes como as crenças sobre educação e infância começaram a vir da pediatria, havendo a *moralidade higienista*. Apesar do crescimento das cidades, do aumento na mobilidade das famílias e do surgimento da televisão, o controle do comportamento da criança continuou sendo importante, porém havendo menos punição. O modelo de educação da época comportava tanto a exigência quanto a afetividade, complementadas por pouca explicação, independência e expressão de oposição ou desagrado aos adultos. Dirigindo-se para o final do século XX, existindo as *moralidades das necessidades naturais* e, em seguida, a *individualista* e a de *curtição*, as atitudes e as crenças sobre educação vêm de especialistas como pediatras, professores e psicólogos. A orientação passa a ser a de permitir, não tolher e procurar olhar as crianças nas suas especificidades. Entretanto, diante da falta de controle do comportamento das crianças e dos jovens, os adultos começam a se utilizar de diferentes estratégias para tentar contê-los: punem física e verbalmente, gritam, ameaçam, reagindo à frustração por não terem alcançado o que esperavam que fosse acontecer, dado o seu investimento em propostas novas.

Neste estudo, a opção por analisar as práticas de educação da criança levou a que se optasse por pais e mães participantes com filhos pequenos, portanto, pertencentes a famílias que se encontram no estágio 3 (referido anteriormente), iniciado com o nascimento da nova geração, dando aos pais a tarefa de cuidadores, o que centraliza os problemas do casal nas suas responsabilidades pela criança e pelas tarefas domésticas.

## 2. Objetivos

A presente pesquisa teve por objetivo conhecer: as concepções e as práticas educativas de pais e mães de nível superior de escolaridade, as principais dificuldades encontradas por eles nesse processo educativo e como abordam a questão de limites.

## 3. Metodologia

Fizeram parte deste estudo[1] cem indivíduos de nível universitário, com união marital estável e pelo menos com um fi-

---

[1] Houve um estudo-piloto com quatro participantes (ambos os sexos), visando à adequação dos instrumentos.

lho na faixa etária entre dois e sete anos. Estes participantes, divididos em dois grupos de 50 (25 homens e 25 mulheres em cada um dos grupos), foram selecionados a partir de cursos de pós-graduação *lato sensu*, de duas universidades privadas, sendo uma localizada em capital do Nordeste e outra em cidade de porte médio do interior de São Paulo, garantindo-se assim o grau de escolaridade desejado e também a diversidade de formação. Como o número de pessoas com o perfil desejado não foi encontrado nas referidas universidades, houve necessidade de se buscar fora das instituições participantes para o estudo e que foram escolhidos segundo indicações ou de acordo com o conhecimento do pesquisador, sendo que todos residiam nas referidas cidades.

Como material, utilizaram-se três roteiros: um de identificação, um abordando o tema família e educação dos filhos e o terceiro foi o *Roteiro reestruturado de Biasoli-Alves e Graminha*, em que se introduziram pequenas modificações. Com o Roteiro de Entrevista I – Identificação, obtiveram-se dados de identificação dos participantes e das respectivas famílias. Com o Roteiro de Entrevista II – Família e Educação dos Filhos, conseguiu-se a descrição de aspectos vinculados à prática de cuidado e de educação de filhos. Com o Roteiro III – Questionário para Mães baseado no *Roteiro reestruturado de Biasoli-Alves e Graminha* (questionário respondido apenas pelas mães), a finalidade foi a de estender e aprofundar a análise de tópicos relativos a julgamentos, crenças e valores que norteiam as práticas de educação das mães de crianças de ambos os sexos, quando ainda na primeira infância (BIASOLI-ALVES, 1998).

Os procedimentos foram os seguintes: pedido de autorização por escrito à direção das universidades privadas; convite aos alunos; sessão de aplicação das entrevistas de identificação e sobre família e educação dos filhos. Somente para as mães houve solicitação do preenchimento e da devolução do *Roteiro reestruturado de Biasoli-Alves e Graminha*, aplicado na forma de questionário.

Posteriormente à coleta, as fitas gravadas foram transcritas. A análise das entrevistas e dos questionários foi feita de forma quantitativo-interpretativa, elaborando-se categorias.

# 4. Resultados

As concepções sobre o que é educar apresentam resultados que são apresentados a partir de quatro categorias: a) definições centradas no pai/mãe: cujo foco da educação são as ações dos genitores sobre os filhos, por exemplo, estabelecer limites; b) definições centradas na criança: o foco é a promoção e a formação dos filhos em diversos aspectos, por exemplo, o escolar e o religioso; c) definições centradas na influência externa: o foco é a interferência da televisão e do computador (internet) na educação; d) juízo de valor: o participante responde a partir de uma opinião/juízo sobre a educação, por exemplo, educar é difícil.

As falas a seguir refletem definições centradas no pai/mãe:

> "[...] eu acho que a gente nasce sem noção do que é certo, do que é errado. Eu acho que você educar um filho é justamente você conseguir fazer ele entender isso: o limite. É dar limites a ele. Fazer ele entender o que é correto, o que não é. Eu acho que é por aí" (mãe da capital do Nordeste).
> "Educar um filho, eu acho que é ter oportunidade de poder passar valores. Acho que, assim, a oportunidade de poder passar bons valores pra indivíduos que vão ser inseridos na sociedade, pra poder melhorar a qualidade da sociedade [...]" (pai do interior de São Paulo).

Os resultados estão expressos na Figura 1.

Em mais da metade, as definições dos participantes estão centradas no pai/mãe. São exemplos mais freqüentes: estabelecer limites; transmitir valores; dar exemplo, ser modelo e ter ações coerentes com o que dizem; amar ou mostrar o que é amar/afetividade; ser amigo do filho, estar próximo a ele;

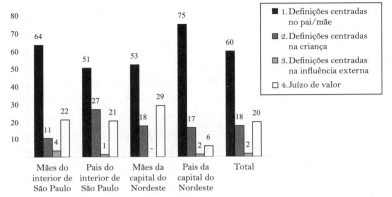

Figura 1 – Distribuição porcentual das concepções sobre educação apresentadas pelos quatro grupos

ensinar o que é certo e o que é errado. Em seguida, as mães emitem juízos de valor e os pais apresentam definições centradas na criança. Para muitos, educar é tarefa difícil, complicada e representa um desafio, uma grande responsabilidade e, segundo um pai do interior de São Paulo, "[...] é uma tarefa muito difícil, porque eu acho que ela é infindável".

A preocupação dos adultos com o vir a ser do filho é clara na fala de uma mãe do interior de São Paulo: "Educar um filho é você estar formando esse filho, no sentido de estar dando instrumentos pra ele, pra que amanhã ele possa, sozinho, estar se virando aí no mundo fora desta família [...]".

Quando se perguntou aos participantes como educam seu filho, apareceram respostas relativas ao ideal em educação, bem como à prática educativa propriamente dita. Foram definidas nove categorias: a) dar afetividade: refere-se a respostas que implicam transmissão de afeto, carinho, amor, assim como cuidados e proximidade; b) estabelecer limites: respostas que trazem as orientações sobre o que o filho deve ou não fazer ou dizer, assim como falas sobre o que é o certo e o errado; c) propiciar formação ao filho: os genitores compreendem que educar é formar o filho em diversos aspectos, dando-lhe uma boa escola, estimulando-o e preparando-o para o futuro; d) ter diálogo com a criança: respostas cujos conteúdos definem educar com conversas e explicações entre genitores e filhos; e) transmitir valores: definições de educação centradas na transmissão de valores diversos aos filhos, sejam eles morais, éticos, sejam religiosos; f) favorecer a autonomia: respostas cujos conteúdos estabelecem educar como estímulo à independência da criança, assim como propiciando liberdade a ela; g) dar uma referência: concepção de educação pela qual os genitores consideram que educam ao servirem de modelo para o filho, dando-lhe exemplos com a própria vida; h) fazer passeios, brincar com o filho: concepção de educação pela qual os genitores acham que educam os filhos quando realizam atividades conjuntas como brincar e passear. Tais respostas foram apresentadas apenas como modelo da maneira que os genitores educam na prática; i) respostas não condizentes com a pergunta: foram as respostas que não correspondiam ao que se perguntou e diziam respeito, em sua maioria, a características do próprio filho.

Ao explicitar seus valores, mães do interior do Estado de São Paulo falam coisas como: "Eu tento fazer ela ser disciplinada, educada, ter boas maneiras, ter boas atitudes, e, acima de tudo, impor limites"; ou, por outro lado, afirmam: "[...] Ela tem que se sentir amada, é o primeiro ponto, e isso a gente não cansa de dizer a todo instante [...] e tem que ser enérgico na hora que precisa, mostrar pra ela também que ela tem os limites dela [...]" (pai do interior de São Paulo).

Os resultados encontram-se na Tabela 1.

Das 152 respostas emitidas (sobre valor/ideal na educação do filho), as mais encontradas foram: dar afeto; estabelecer limites; propiciar formação ao filho; ter diálogo com a criança e transmitir valores. Esta última não foi encontrada nos pais da capital do Nordeste. Entre os valores mais citados, estão: o respeito, o valor do ser e não o do ter, a sinceridade e a responsabilidade.

TABELA 1 – Distribuição de freqüência e porcentagem das respostas sobre o que os participantes têm como ideal na educação de filhos e como os educam (valor/ideal e prática)*

| O que os participantes têm como valor/ideal na educação do filho | Mães do interior de São Paulo – Nº de respostas e % | Pais do interior de São Paulo – Nº de respostas e % | Mães da capital do Nordeste – Nº de respostas e % | Pais da capital do Nordeste – Nº de respostas e % | Total de respostas e % das respostas sobre o nº total |
|---|---|---|---|---|---|
| Dar afetividade | 08 (32%) | 09 (36%) | 09 (36%) | 11 (44%) | 37 (37%) |
| Estabelecer limites | 12 (48%) | 06 (24%) | 10 (40%) | 08 (32%) | 36 (36%) |
| Propiciar formação ao filho | 04 (16%) | 07 (28%) | 05 (20%) | 07 (28%) | 23 (23%) |
| Ter diálogo com a criança | 04 (16%) | 06 (24%) | 07 (28%) | 04 (16%) | 21 (21%) |
| Transmitir valores | 05 (20%) | 07 (28%) | 06 (24%) | 00 (00%) | 18 (18%) |
| Favorecer a autonomia | 03 (12%) | 02 (08%) | 03 (12%) | 01 (04%) | 09 (09%) |
| Dar uma referência | 01 (04%) | 01 (04%) | 01 (04%) | 02 (08%) | 05 (05%) |
| Respostas não condizentes com a pergunta | 00 (00%) | 01 (04%) | 00 (00%) | 02 (08%) | 03 (03%) |
| Nº de respostas/ Nº de participantes | 37 (n = 25) | 39 (n = 25) | 41 (n = 25) | 35 (n = 25) | 152 (n = 100) |
| **Como os participantes educam o filho na prática** | | | | | |
| Estabelecer limites | 14 (56%) | 14 (56%) | 09 (36%) | 08 (32%) | 45 (45%) |
| Ter diálogo com a criança | 08 (32%) | 13 (52%) | 10 (40%) | 10 (40%) | 41 (41%) |
| Propiciar formação ao filho | 07 (28%) | 04 (16%) | 06 (24%) | 12 (48%) | 29 (29%) |
| Dar afetividade | 03 (12%) | 09 (36%) | 04 (16%) | 05 (20%) | 21 (21%) |
| Transmitir valores | 05 (20%) | 04 (16%) | 07 (28%) | 02 (08%) | 18 (18%) |
| Dar uma referência | 02 (08%) | 03 (12%) | 05 (20%) | 06 (24%) | 16 (16%) |
| Fazer passeios, brincar com o filho | 01 (04%) | 04 (16%) | 01 (04%) | 05 (20%) | 11 (11%) |
| Favorecer a autonomia | 01 (04%) | 01 (04%) | 05 (20%) | 01 (04%) | 08 (08%) |
| Respostas não condizentes com a pergunta | 10 (40%) | 12 (48%) | 12 (48%) | 08 (32%) | 42 (42%) |
| Nº de respostas/Nº de participantes | 51 (n = 25) | 64 (n = 25) | 59 (n = 25) | 57 (n = 25) | 231 (n = 100) |

* São apresentadas as freqüências das respostas e as porcentagens delas a partir do número de participantes em cada grupo.

Com relação às práticas educativas, as mais mencionadas foram: estabelecer limites (e punir); ter diálogo com a criança; propiciar formação ao filho; e também dar afeto e transmitir valores (tais como os religiosos, a honestidade e o respeito). Quarenta e duas respostas não foram condizentes com a pergunta, incluindo 22 em que os participantes mencionaram características dos filhos, parecendo justificar suas práticas educativas pelas características positivas ou negativas deles.

Os focos de atenção e as dificuldades no processo educativo dos filhos estão agrupados em quatro categorias: a) definições centradas no pai/mãe: cujo foco da dificuldade são as ações dos genitores sobre o filho ou suas próprias limitações físicas ou psicológicas; b) definições centradas na criança: o foco é com relação ao comportamento ou características dos filhos; c) definições centradas na influência externa: o foco é a interferência de parentes, do próprio trabalho/estudo, da escola do filho, da babá/empregada, da televisão e do mundo; d) não tem dificuldade: ocorre quando o participante afirma não ter dificuldade ou já ter solucionado as que tinha.

Uma mãe do interior de São Paulo e, em seguida, um pai da referida cidade revelam dificuldades centradas no pai/mãe: "A maior dificuldade eu acho que é colocar limite"; "Primeiro a inexperiência. Porque tem horas que a gente não sabe como lidar com determinados problemas. Tem hora que você não sabe se você deixa, se você toma uma atitude ou o que você fala. Ou, às vezes, diante de algumas perguntas, você fica meio engasgado [...]". A fala de um pai da capital do Nordeste aborda a dificuldade vivenciada, que é centrada na criança: "Teimosia, é um menino teimoso, ele não obedece muito [...]". Dificuldades centradas na influência externa são ilustradas assim: "Eu acho que a minha ausência. Eu acho importante estar em casa no final da tarde [...] na hora de ela dormir. Eu acho importante que a mãe esteja aqui em casa com ela. Na verdade, minha mãe nunca trabalhou, então, quando eu chegava em casa, eu sabia que eu ia encontrar minha mãe. Eu acho isso importante. E ela, às vezes, não [...]" (mãe da capital do Nordeste); "a maior dificuldade é a ausência [...] nós tivemos sorte de ter uma babá que gosta dele, e a maior parte do tempo ele fica com essa babá, porque os dois trabalham. Então essa é a maior dificuldade: de educar quando não temos tempo de estar juntos. A maior dificuldade é a distância [...]" (pai da capital do Nordeste); "[...] é muita influência de pessoas, até da própria família, cada um falando de um jeito, a criança, ela se 'embanana' um pouquinho, não sabe quem ouve [...]" (mãe do interior de São Paulo).

Esses dados podem ser observados na Figura 2.

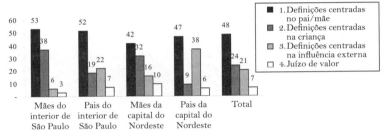

Figura 2 – Distribuição porcentual das principais dificuldades econtradas pelos participantes no processo educativo dos filhos

Os resultados na Figura 2 evidenciam que o predomínio é de respostas dos genitores em que o foco das dificuldades está neles mesmos. E o que varia é a habilidade em jogo: tanto pode ser a colocação de limites quanto a insegurança deles nos procedimentos corretos de educação. Em seguida, vêm as respostas que sinalizam estarem as dificuldades ligadas a características da criança e, depois, à influência externa. É pequena a porcentagem de participantes que dizem não ter dificuldade no processo educativo do filho (7%). As respostas mais freqüentes de definições centradas nas crianças são: personalidade forte da criança e rebeldia/teimosia. Aspectos mais encontrados de definições centradas na influência externa são: tempo (fica menos com o filho do que gostaria por causa do trabalho/estudo) e influências diferentes de pessoas na educação do filho.

Já quanto à maneira como os participantes enfrentam as dificuldades encontradas no processo educativo do filho, duas grandes classes foram identificadas: busca de ajuda e atua junto à criança. Os resultados acham-se na Tabela 2.

TABELA 2 – Distribuição de freqüência e porcentagem das respostas concedidas pelos participantes sobre como enfrentam dificuldades encontradas no processo educativo do filho[*]

| Como enfrentam dificuldades no processo educativo do filho | Mães do interior de São Paulo – Nº de respostas e % | Pais do interior de São Paulo – Nº de respostas e % | Mães da capital do Nordeste – Nº de respostas e % | Pais da capital do Nordeste – Nº de respostas e % | Total de respostas e % das respostas sobre o nº total |
|---|---|---|---|---|---|
| BUSCA AJUDA: | | | | | |
| Recursos próprios | 12 (48%) | 03 (12%) | 05 (20%) | 09 (36%) | 29 (29%) |
| Cônjuge | 05 (20%) | 07 (28%) | 07 (28%) | 04 (16%) | 23 (23%) |
| Familiares | 02 (08%) | 00 (00%) | 04 (16%) | 01 (04%) | 07 (07%) |
| Leitura sobre educação de filhos | 02 (08%) | 02 (08%) | 03 (12%) | 00 (00%) | 07 (07%) |
| Profissional/terapia | 01 (04%) | 01 (04%) | 04 (16%) | 00 (00%) | 06 (06%) |
| Religião | 02 (08%) | 01 (04%) | 01 (04%) | 00 (00%) | 04 (04%) |
| Outros pais | 01 (04%) | 00 (00%) | 02 (08%) | 00 (00%) | 03 (03%) |
| Babá | 00 (00%) | 00 (00%) | 01 (04%) | 01 (04%) | 02 (02%) |
| Escola | 00 (00%) | 00 (00%) | 00 (00%) | 01 (04%) | 01 (01%) |
| Governo | 00 (00%) | 01 (04%) | 00 (00%) | 00 (00%) | 01 (01%) |
| ATUA JUNTO À CRIANÇA: | | | | | |
| Conversa com a criança | 08 (32%) | 08 (32%) | 06 (24%) | 11 (44%) | 33 (33%) |
| Punição física | 03 (12%) | 00 (00%) | 02 (08%) | 02 (08%) | 07 (07%) |
| Punição verbal | 06 (24%) | 00 (00%) | 01 (04%) | 00 (00%) | 07 (07%) |
| Valoriza o tempo em que estão juntos | 01 (04%) | 04 (16%) | 00 (00%) | 02 (08%) | 07 (07%) |
| Procura ficar mais tempo com o filho | 00 (00%) | 02 (08%) | 03 (12%) | 00 (00%) | 05 (05%) |
| Dá exemplos | 00 (00%) | 00 (00%) | 00 (00%) | 03 (12%) | 03 (03%) |
| Distrai | 01 (04%) | 00 (00%) | 00 (00%) | 00 (00%) | 01 (01%) |
| NÃO SABE O QUE FAZER | 03 (12%) | 00 (00%) | 00 (00%) | 00 (00%) | 03 (03%) |
| TENDO QUE ACEITAR | 00 (00%) | 00 (00%) | 00 (00%) | 02 (08%) | 02 (02%) |
| Nº de respostas/ Nº de participantes | 47 (n = 25) | 29 (n = 25) | 39 (n = 25) | 36 (n = 25) | 151 (n = 100) |

[*] São apresentadas as freqüências das respostas e as porcentagens delas a partir do número de participantes em cada grupo.

Das 151 respostas emitidas, 83 referem-se à busca de ajuda, e chama a atenção neste caso o fato de os participantes dependerem mais de recursos próprios e do cônjuge do que de qualquer orientação externa à família nuclear (composta de pai, mãe e filhos): "Eu e minha esposa, nós conversamos bastante [...] então a gente começa a ficar pensando e tentar trocando idéia, pra ver o que é que está acontecendo com ele e como que nós vamos fazer para melhorar isso [...]" (pai do interior de São Paulo). Observa-se, também, que 68 respostas estão ligadas a algum tipo de atuação junto à criança, que acontece mais através de conversa, ilustrada na fala de um pai da capital do Nordeste: "[...] sempre conversando, sempre conversando, batendo papo e tal [...]".

Três respostas (presentes apenas nas falas das mães do interior de São Paulo) referem-se a não saber o que fazer e duas simplesmente apontam para a aceitação da dificuldade (uma cita doenças próprias da infância e, outra, o impedimento da realização de passeios e de viagens do casal por causa do filho pequeno).

Sobre a questão de limites, foram encontrados três tipos de resposta: 1) estabelece limites; 2) estabelece limites para alguns aspectos e para outros deixa mais livre; 3) não consegue estabelecer limites. Os resultados acham-se na Figura 3.

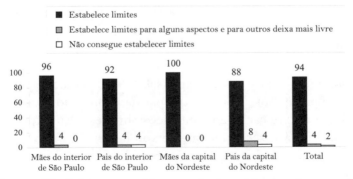

Figura 3 – Distribuição porcentual das concepções do participantes sobre a necessidade ou não de estabelecer limites

Os resultados revelam que a quase totalidade dos participantes considera ser preciso estabelecer limites.

As respostas sobre como os genitores fazem para cumprir essa tarefa foram divididas em sete categorias: a) estabelecer regras: deixando claro para a criança quais são os comportamentos desejáveis e os indesejáveis; nesta categoria, estão presentes também as combinações que os genitores realizam com seus filhos sobre o que é permitido e o que não é; b) dialogar: explicando e conversando com a criança sobre as razões de se fazer ou não se fazer algo, esclarecendo suas questões; c) dizer não: emitindo um "não" de forma enfática; d) estabelecer horários: estipulando horários e locais em que cada atividade pode ou deve ser realizada; e) dar exemplos: os genitores se utilizam de exemplos ocorridos com o próprio filho ou com outra pessoa para justificar o motivo pelo qual solicita da criança determinado comportamento; f) estar próximo ao filho: os genitores procuram ter uma proximidade maior com o filho, pois observam que assim ele obedece mais; g) apoiar o que o cônjuge diz: o genitor reforça para a criança a importância do cumprimento dos limites estabelecidos pelo cônjuge.

Uma mãe do interior de São Paulo revela estabelecer limites, dizendo: "Isso pode, isso não pode; isso está certo, isso não está [...]". Um pai da referida cidade afirma que: "[...] o limite é estabelecido a partir do momento em que você coloca regras claras para tudo, desde uma boa convivência, como aspectos de arrumação, como aspectos de horário, como aspectos de responsabilidades, como aspectos de compromissos [...]". Outro pai da capital do Nordeste enfatiza a explicação ao estabelecer limites: "Eu explico a ela por que vai ser e por que deixou de ser. Eu bato muito pouco e, quando bato, explico porque bati e [...] eu negocio muito [...]".

Tais dados são observados na Tabela 3.

**TABELA 3** – Distribuição porcentual das respostas sobre como os participantes estabelecem limites para os filhos

| Como estabelece limites | Mães do interior de São Paulo % | Pais do interior de São Paulo % | Mães da capital do Nordeste % | Pais da capital do Nordeste % | Porcentagem total de respostas |
|---|---|---|---|---|---|
| Estabelecer regras | 40 | 54 | 40 | 38 | 43 |
| Dialogar | 48 | 34 | 24 | 34 | 35 |
| Dizer não | 04 | 04 | 16 | 16 | 10 |
| Estabelecer horários | 04 | 04 | 08 | 12 | 07 |
| Dar exemplos | 04 | 04 | 04 | 00 | 03 |
| Estar próximo ao filho | 00 | 00 | 08 | 00 | 02 |
| **Número de participantes** | **25** | **24\*** | **25** | **24\*** | **98** |

\* Um pai não consegue estabelecer limites.

Esses resultados evidenciam como estratégias mais freqüentes, seja a de os pais estabelecerem regras e darem explicações, seja a de eles e os filhos combinarem as regras, dialogarem expressando uma linha mais democrática de relacionamento entre os genitores e seus filhos. O "não" enfático é encontrado em apenas 10 respostas.

Um outro ângulo da questão dos limites diz respeito a como os genitores afirmam agir se eles não são atendidos. Com as respostas, foram estabelecidas 12 categorias: a) conversa com a criança: explica ou reexplica as razões de se fazer ou não algo, esclarece suas questões e ouve seus motivos; b) pune fisicamente: dá palmadas, chineladas ou cintadas; c) castiga: priva o filho de algo que ele gosta, como assistir à televisão, realizar determinado passeio ou ganhar algo (principalmente brinquedo); d) pune verbalmente: fala mais alto, grita ou mesmo berra com ele; e) varia conforme o humor da mãe: esta age segundo seu humor no momento em que o filho não a atende; quando está calma, a punição é mais branda e, quando nervosa, mais severa; f) impõe: o genitor determina o que o filho deve fazer e cobra seu cumprimento; g) ameaça: a criança é avisada de que, se continuar emitindo o comportamento indesejável, irá apanhar ou não terá o presente; h) mãe aguarda ficar mais calma: quando fica nervosa diante de comportamento inadequado do filho, ela espera acalmar-se e depois toma uma atitude; i) faz reparar o erro: obriga o filho a consertar o que estragou, arrumar o que desarrumou ou pedir desculpas a quem ofendeu; j) sai de perto: caso a criança emita comportamento de birra, o genitor deixa-a sozinha; k) deixa o filho errar: permite que ele cometa erros para se dar conta das conseqüências; l) atribui mais à mãe tal função: o pai deixa mais a cargo da mãe corrigir ou punir o filho.

Quando não é atendida pela filha, uma mãe do interior de São Paulo relata: "Eu tento chamar a atenção sozinha, em casa. Por exemplo, se ela faz alguma coisa errada, dá birra na rua, que ela quer alguma coisa e eu corto, eu tento conversar com ela em casa, longe de todo mundo [...]". Um pai do interior da referida cidade diz agir de outro modo: "Eu castigo. Às vezes dou um tapinha nele ou fico bravo com ele. Ele conhece, ele fica sentido. Ele sabe quando ele passou do limite dele". Uma mãe da capital do Nordeste enfatiza o castigo: "Geralmente é castigo. A gente já tem um cantinho do castigo, ela vai pra o cantinho, já sabe, ela não sai enquanto a gente não deixa, mas coisa de três minutos ela já está pedindo desculpa e pedindo pra sair e tal [...]".

Os resultados obtidos acham-se na Tabela 4.

Observa-se, neste caso, o predomínio de ações diversificadas. As conversas/explicações são bastante freqüentes, porém a punição física, o castigo e a punição verbal também são encontrados. A depender do número de vezes em que a criança ultrapassa os limites estabelecidos, da intensidade do comportamento indesejado ou mesmo do humor do genitor no momento, este pode, por exemplo, simplesmente conversar com a criança, castigá-la ou mesmo puni-la física ou verbalmente.

TABELA 4 – Distribuição de freqüência e porcentagem das respostas dos participantes sobre como agem quando o filho ultrapassa limites*

| Como age se o filho ultrapassa limites | Mães do interior de São Paulo – Nº de respostas e % | Pais do interior de São Paulo – Nº de respostas e % | Mães da capital do Nordeste – Nº de respostas e % | Pais da capital do Nordeste – Nº de respostas e % | Total de respostas e % das respostas sobre o nº total |
|---|---|---|---|---|---|
| Conversa com a criança | 22 (88%) | 15 (60%) | 14 (56%) | 11 (44%) | 62 (62%) |
| Pune fisicamente | 09 (36%) | 12 (48%) | 10 (40%) | 14 (56%) | 45 (45%) |
| Castiga | 10 (40%) | 10 (40%) | 10 (40%) | 08 (32%) | 38 (38%) |
| Pune verbalmente | 05 (20%) | 01 (04%) | 05 (20%) | 06 (24%) | 17 (17%) |
| Varia conforme humor da mãe | 02 (08%) | 00 (00%) | 03 (12%) | 00 (00%) | 05 (05%) |
| Impõe | 02 (08%) | 02 (08%) | 00 (00%) | 01 (04%) | 05 (05%) |
| Ameaça | 01 (04%) | 01 (04%) | 00 (00%) | 01 (04%) | 03 (03%) |
| Mãe aguarda ficar mais calma | 02 (08%) | 00 (00%) | 00 (00%) | 00 (00%) | 02 (02%) |
| Faz o filho reparar o erro | 00 (00%) | 00 (00%) | 01 (04%) | 01 (04%) | 02 (02%) |
| Sai de perto da criança | 01 (04%) | 00 (00%) | 00 (00%) | 00 (00%) | 01 (01%) |
| Deixa o filho errar | 00 (00%) | 01 (04%) | 00 (00%) | 00 (00%) | 01 (01%) |
| Atribui mais à mãe tal função | 00 (00%) | 01 (04%) | 00 (00%) | 00 (00%) | 01 (01%) |
| Nº de respostas/ Nº de participantes | 54 (n = 25) | 43 (n = 25) | 43 (n = 25) | 42 (n = 25) | 182 (n = 100) |

* São apresentadas as freqüências das respostas e as porcentagens delas a partir do número de participantes em cada grupo.

Quando os participantes foram indagados se gostariam ou não de modificar algo na educação do filho, houve 112 respostas, porém 54 demonstram que eles não desejam alterar nada (exemplo: "Graças a Deus, meus filhos são ótimos. Acho que não mudaria não" – mãe da capital do Nordeste) ou que foram modificando com o tempo, quando julgaram necessário (exemplo: "[...] a gente vai-se transformando à medida também que as demandas vão surgindo e que eles vão crescendo, vão tendo outros interesses, vão solicitando outras respostas, então a gente vai-se adaptando ao dia-a-dia, vai mudando no processo [...]" – mãe da capital do Nordeste). As respostas que revelam o desejo de mudança são apresentadas em três categorias: a) centradas no pai/mãe: o foco da mudança está nas ações dos genitores sobre o filho ou em suas próprias limitações físicas/psicológicas; b) centradas no filho: o foco de mudança encontra-se nos comportamentos/características dos filhos; c) centradas na influência externa: o responsável pela mudança é a interferência de parentes, do próprio trabalho/estudo, da escola do filho, da babá/empregada, da televisão e do mundo.

O desejo de permanecer mais tempo com o filho, fazer menos as vontades dele e ter mais paciência com ele são expressões do desejo de mudança centradas no pai/mãe, claramente observadas a seguir: "Ah! Eu queria ter mais paciência para lidar com ele. Talvez mais tempo também" (pai do interior de São Paulo); "[...] Se fosse mudar, eu ia mudar lá no início. Porque acho que por ser assim o primeiro filho, eu acho que eu fui muito mais flexível [...] por exemplo, bebê mesmo. Ah! Queria mamadeira quente, aí está morna; só serve quente. Então você vai lá e faz a mamadeira quente [...]. Eu acho que eu atendi muito o desejo dele, quando era bebê. Tipo assim, quer isso, ia lá fazer" (mãe da capital do Nordeste).

Respostas centradas nos filhos revelam desejos como o de ele se alimentar melhor, de opor-se menos aos pais, de ser mais calmo e de realizar atividade física, entre outros. Isso pode ser detectado a seguir: "O que eu estou tentando mudar na educação dela é essa questão da alimentação, porque ela já me deu muito trabalho, eu já sofri muito, porque ela não se alimentava [...]" (mãe do interior de São Paulo); "Eu gostaria que ela fosse mais calma em certos momentos. Nesses momentos que eu te falo que às vezes dá uns bravejos nela, eu queria que ela fosse mais calma, mas ainda não consegui mudar, não sei se faz parte do temperamento dela. Eu mudaria isto" (mãe do interior de São Paulo); "[...] que ela gostasse um pouco mais de atividade física, porque como ela gosta muito de comer, facilmente vai se tornar uma pessoa mais gorda no futuro. Isso é sempre um trauma pra criança, adulto, todo mundo, sem falar na própria saúde. Atividade física é uma coisa boa sempre, seja qual for a atividade [...]" (pai da capital do Nordeste).

Respostas como tios e/ou avós desautorizarem os pais, babá ter mais instrução ou um nível melhor de escolaridade, colocar o filho em escola particular, entre outras, revelam preocupações centradas na influência externa, como pode ser identificado a seguir: "Esse contato muito grande com minha mãe [...] avó é um problema sério [...] deixa fazer tudo [...]" (mãe da capital do Nordeste); "Uma das coisas que eu acho que é uma dificuldade na educação é a presença da babá. É difícil você lidar com isso, porque termina sendo não só educação da criança, mas antes você tem que educar a babá também, pra que ela possa ajudar a criança. Só que eu acho que isso é uma necessidade [...]" (pai da capital do Nordeste); "Eu queria colocar eles, tanto um quanto o outro, numa escola particular, numa escola melhor" (pai do interior de São Paulo).

Na Tabela 5, consta o foco de atenção dos participantes, quando abordam o que gostariam de mudar na educação do filho.

Tabela 5 – Distribuição de freqüência e porcentagem das respostas sobre o foco de atenção dos participantes quando abordam o que gostariam de mudar na educação do filho*

| O que gostaria de mudar | Mães do interior de São Paulo – Nº de respostas e % | Pais do interior de São Paulo – Nº de respostas e % | Mães da capital do Nordeste – Nº de respostas e % | Pais da capital do Nordeste – Nº de respostas e % | Total de respostas e % das respostas sobre o número total de respostas |
|---|---|---|---|---|---|
| Respostas centradas no pai/mãe | 13 (65%) | 08 (66%) | 03 (38%) | 10 (55%) | 34 (58%) |
| Respostas centradas no filho | 06 (30%) | 02 (17%) | 02 (24%) | 06 (34%) | 16 (27%) |
| Respostas centradas na influência externa | 01 (05%) | 02 (17%) | 03 (38%) | 02 (11%) | 08 (15%) |
| Nº de respostas/% Nº de respostas | 20 (100%) | 12 (100%) | 08 (100%) | 18 (100%) | 58 (100%) |

* São apresentadas as freqüências das respostas e as porcentagens delas a partir do número de respostas em cada grupo.

A concentração das respostas que revelam desejo de mudança está centrada no adulto. Observa-se que as mães do interior de São Paulo e os pais da capital do Nordeste são os que mais querem mudanças na educação do filho. Nos dois outros grupos, o número de respostas que indicam desejo de mudança é bem inferior.

## 5. Discussão

No presente estudo, que buscou comparar a maneira de pensar as práticas de cuidado e educação da criança na família, bem como a maneira de agir de quatro grupos de genitores, um de mães de uma cidade do interior do Estado de São Paulo, outro de pais desta mesma cidade, um de mães de uma capital da Região Nordeste do Brasil, e um de pais desta mesma cidade, foram verificadas muitas semelhanças entre eles, mais do que diferenças, ainda que, em alguns aspectos, se tenha defrontado com particularidades de cada uma destas cidades, bem como dos grupos de mães e dos de pais.

Esses dados sugerem que, provavelmente, a influência da variação do contexto cultural nas práticas de educação de crianças seja menos evidente porque a maior influência é o nível educacional. Resultados semelhantes foram obtidos por Tudge, Hogan, Snezhkova, Kulakova e Etz (2000), que, ao examinarem os valores e crenças de pais dos Estados Unidos e da Rússia, identificaram elementos que minimizam o papel da heterogeneidade cultural e enfatizam a diferença das crenças e valores dos pais sobre como educar crianças na dependência da classe social.

Chama a atenção o fato de que os pais e as mães se percebem como protagonistas da educação dos filhos (60% das definições de educação estão centradas neles), assim como afirmam que o foco das dificuldades educacionais está neles (não saber como estabelecer limites e ter dúvidas quanto a procedimentos corretos), fazendo com que a maior concentração de respostas que revelam desejo de mudança esteja neles – como ficar mais tempo com o filho, fazer menos a vontade dele e ter mais paciência –, o que se pode considerar como positivo, sobretudo se isto significar sua mobilização para cumprir com o pretendido. Para Bronfenbrenner (1979/1996), a convivência com genitores pode fomentar mais ou menos o crescimento psicológico dos filhos, a depender da forma funcional assumida pela díade (observacional, de atividade conjunta ou primária).

Um ponto interessante mostrado pelos dados é o de que os pais e mães, ao enfrentarem dificuldades no processo educativo do filho, tendem, de modo geral, a buscar ajuda em si mesmos (recursos próprios) ou no cônjuge e costumam atuar dialogando com a criança. E, tanto no estabelecimento do ideal quanto na descrição da sua prática de educação dos filhos, os participantes enfatizam a necessidade de estabelecer limites, ao mesmo tempo que assinalam a importância da afetividade e da conversa, ou seja, parece haver uma retomada do ideal característico do passado, quando era esperado que a criança obedecesse e se comportasse bem, mas agora permeado de afetividade e de diálogo, com todas as explicações possíveis.

Entretanto, quando o filho ultrapassa os limites estabelecidos e os problemas não são resolvidos através de conversas, também se retomam os padrões do passado e são introduzidos tanto a punição física quanto o castigo, que priva a criança de algo que ela gosta ou deseja. As decisões sobre como proceder diante do descumprimento de determinadas regras dependem de fatores como o número de vezes em que a criança ultrapassou os limites, da intensidade do comportamento indesejado ou mesmo do humor do genitor no momento; e embora a ênfase na conversa com a criança esteja presente em todos os grupos de participantes, os pais falam em punir fisicamente um pouco mais do que as mães, o que, segundo Biasoli-Alves (2002), confirma que, mesmo sendo dito que a correção do comportamento inadequado é predominantemente verbal, a punição física deixou de existir somente no discurso.

## 6. Considerações finais

Retomando o objetivo inicial do presente trabalho, pode-se concluir ter havido um avanço significativo nesta direção, sem, entretanto, ter-se esgotado tal propósito.

Procura-se identificar, a seguir, os principais dados obtidos que podem esclarecer a pergunta inicial.

Os pais e mães se percebem como protagonistas da educação dos filhos e retomam o ideal de limite existente no passado, mas agora permeado de afetividade e de diálogo. E, quando as crianças ultrapassam os limites estabelecidos e não se resolvem problemas através de conversas, os genitores retomam do passado a punição física e introduzem também o castigo.

As principais dificuldades encontradas no processo educativo das crianças também estão centradas nos genitores (como o estabelecimento de limites e dúvidas quanto a procedimentos corretos de educação). Aspectos de dificuldade mais relacionados às crianças foram sua personalidade forte e sua rebeldia/teimosia.

Para enfrentar as dificuldades educacionais, os participantes buscam recursos em si mesmos, no cônjuge e em orientações técnico-científicas, e também as advindas da sabedoria popular.

De modo geral, os dados apontam mais para semelhanças do que para diferenças na educação que pais e mães oferecem a seus filhos nas duas cidades estudadas, revelando uma significativa influência do nível de escolaridade, tanto nas concepções quanto nas práticas educacionais.

Avaliando as estratégias metodológicas utilizadas, observa-se que elas permitiram que fosse entrevistado um número considerável de mães e pais, proporcionando uma visão ampla acerca das concepções e práticas maternas e paternas no que diz respeito à educação de filhos.

Finalmente, diante da realidade constatada no presente estudo, identificou-se a necessidade de pesquisas futuras que aprofundem as concepções e as práticas maternas e paternas sobre educação de filhos.

# Referências

ARIÈS, P. *História social da criança e da família*. 2. ed. São Paulo, LTC, 1981.

ARRIAGADA, I. Nuevas familias para um nuevo siglo? *Cadernos de Psicologia e Educação*, Paidéia, v. 18, n. 10, pp. 28-35, 2000.

BIASOLI-ALVES, Z. M. M. A pesquisa psicológica: análise de métodos e estratégias na construção de um conhecimento que se pretende científico. In: ROMANELLI, G.; BIASOLI-ALVES, Z. M. M. (orgs.). *Diálogos metodológicos sobre prática de pesquisa*. Ribeirão Preto, Legis Summa, 1998. pp. 135-158.

_____. A questão da disciplina na prática de educação da criança, no Brasil, ao longo do século XX. *Veritati*, n. 2, pp. 243-259, 2002.

BRONFENBRENNER, U. *A ecologia do desenvolvimento humano:* experimentos naturais e planejados. Tradução M. A. V. Veronese. Porto Alegre, Artes Médicas, 1996. Trabalho original publicado em 1979.

CARTER, B.; MCGOLDRICK, M. *As mudanças no ciclo de vida familiar:* uma estrutura para a terapia familiar. Tradução M. A. V. Veronese. Porto Alegre, Artes Médicas, 2001.

PETRINI, J. C.; ALCÂNTARA, M. A família em mudança. *Veritati*, n. 2, pp. 125-140, 2002.

PORTUGAL, G. *Crianças, famílias e creches:* uma abordagem ecológica da adaptação do bebé à creche. Portugal, Porto Editora, 1998.

TUDGE, J. et al. Parents' childrearing values and beliefs in the United States and Russia: the impact of culture and social class. *Infant and Child Development*, n. 9, pp. 105-121, 2000.

# EDUCAÇÃO COMPARTILHADA ENTRE MÃES E AVÓS*

CAPÍTULO 3

*Lílian Perdigão Caixêta Reis*[**]
*Elaine Pedreira Rabinovich*[***]

---

[*] Baseado na dissertação de mestrado da primeira autora, orientada pela segunda, no Mestrado em Família na Sociedade Contemporânea, da Universidade Católica de Salvador, apresentada em agosto de 2005.

[**] Psicóloga, mestra em Família na Sociedade Contemporânea pela Universidade Católica do Salvador e bolsista de Apoio Técnico 1, FAPESB. *E-mail:* <liliancr@ucsal.br>.

[***] Doutora em Psicologia Social (USP) e professora do Mestrado em Família na Sociedade Contemporânea (Universidade Católica do Salvador).

# 1. Introdução

A proposta aqui apresentada sinaliza para a importância das avós maternas na educação das crianças. Em estudo de casos realizado com jovens mulheres atendidas no serviço psicológico do Centro de Orientação da Família (COF), situado no subúrbio de Salvador, observou-se que as avós aparecem como figuras significativas por ficar responsáveis pela educação das netas na infância. As avós cuidam das crianças devido à necessidade de colaborar com as(os) filhas(os) e em situações extremas acolhem definitivamente os netos, seja por irresponsabilidade, seja por incapacidade dos pais de assumi-los (REIS, 2006).

Nesses casos, a questão do papel desempenhado pelas avós tornou-se relevante porque suscita reflexões sobre a interferência destas na relação dos netos com seus pais. A reação das netas na juventude, em alguns casos, foi de negação da referência materna, com o exemplo da mãe adquirindo conotação negativa. Em outros, as mães são valorizadas e respeitadas porque lutaram para manter suas famílias, sacrificando a convivência com os filhos.

Além disso, com a ausência paterna, na maioria das vezes, fica limitado o referencial masculino (ALVES, 2005), pois a figura masculina raramente aparece nesse contexto, ou quando sim, sem representatividade.

Assim, as avós destacam-se como pessoas mais importantes, de maior credibilidade, como exemplo a ser seguido na profissão, na religião, no jeito de ser e agir etc. De fato, mães e avós que aparecem como mulheres guerreiras, fortes e trabalhadoras existem como figuras incontestáveis de referência (RUSCHEL & CASTRO, 1998).

Funções afetivas, de cuidado, educativas e até mesmo de mantenedoras dos netos, substituindo competências dos pais, são desempenhadas pelas avós (BENINCÁ & GOMES, 1998; DESSEN & BRAZ, 2004; EIZIRIG & BERGMANN, 2004).

Dados do IBGE revelam que, entre 1991 e 2000, aumentou em 47,5% o número de idosos (com 65 anos ou mais) responsáveis pelas famílias e, entre estes, também cresceu o número dos que moravam com netos/bisnetos sem a presença dos filhos/enteados:

> Quer seja por falecimento prematuro, dissolução de família, formação de outra família em domicílio diferente ou mesmo por migração temporária ou não, é fato que, em 2000, 466 mil avós/bisavós eram responsáveis diretos por seus netos/bisnetos, dos quais 242,6 mil eram mulheres com 65 anos ou mais sem cônjuge (62,0%). Em 2000, 690 mil netos/bisnetos viviam em famílias sob a responsabilidade de seus avós/bisavós, sem a presença das gerações intermediárias (IBGE, 1/12/2006).

Essas mudanças que têm acontecido na realidade das famílias norteiam pesquisas em várias áreas, como psicologia, sociologia e antropologia.

Pelo aporte da terapia familiar, consideram-se significativas a transmissão multigeracional e a projeção familiar (BOWEN, 1978), averiguadas pelas repetições de padrões e crenças, que são passados de geração a geração, e que comprometem o processo de diferenciação individual. Mesmo sem se dar conta, a pessoa carrega dentro de si a carga emocional e acaba agindo conforme a predisposição que vem da história familiar (BOWEN, 1978; CERVENY, 2000).

No presente estudo, a prevalência de famílias matrifocais provocou uma reflexão sobre a forma como os processos indicados por Bowen acontecem quando o grupo familiar é constituído principalmente por mulheres.

É forte a tendência de se predestinar o caminho das filhas, como se estas não pudessem ter alternativas fora do horizonte doméstico, ou que não correspondam às expectativas de suas mães ou avós sobre elas. Também se sobrepõe a concepção de que terão um destino infeliz se não seguirem as sugestões destas, que têm a "melhor" das intenções.

Outros autores ressaltam que a ausência de um terceiro, que diz respeito também à ausência de uma autoridade paterna, compromete o processo de diferenciação e identificação dos filhos, favorecendo a onipotência materna (RISÈ, 2003; FORBES, 2005; ELIACHEFF & HEINICH, 2004). O papel do homem como provedor e autoridade masculina que, tradicionalmente, caracterizaria o respeito e a moral da família, indicando uma qualidade de gênero, fica abalado e é comprometido.

O apoio para manter a representação da moral masculina é encontrado na complementaridade do grupo consangüíneo por meio da rede de parentesco, e pode ser substituído pelo avô materno, pelo irmão da mãe ou pelo filho primogênito (BASTOS, 2001; ELIACHEFF & HEINICH, 2004; FONSECA, 2000; FORBES, 2005; SARTI, 2002, 2004).

Distinguindo como aspectos principais das relações internas de seus membros aqueles relativos à divisão de papéis, poder e autoridade, e como preponderantes nas relações externas, os referentes à vida social (vida comunitária, trabalho, política, estado), Petrini (2003) apresenta vários papéis que a família ocupa dentro da sociedade, como as funções educativas, afetivas e sociais. Destaca, também, que cabe à família transmitir valores que vão ser a base para a construção de laços afetivos, de solidariedade, de construção de vínculos entre as gerações e, principalmente, de identificação sexual.

Porém, há grande diferença na forma como estes aspectos se manifestam na estrutura familiar, ocorrendo variações devido às influências regionais, éticas e sociais, mostrando que, no Brasil, a diversidade de padrões familiares converge para a tradição histórica nacional (BILAC, 1995; FONSECA, 2000; SARTI, 1992).

Mudanças na constituição das famílias, permeadas pelas questões sociais e culturais, afetam diretamente a vida dos indivíduos e vão definindo posicionamentos para estes. Gera contradição entre um discurso contemporâneo no qual se defende a lógica da individualidade, confundida com a ruptura familiar, e a realidade, que impõe à pessoa escolhas que correspondem à necessidade de responder aos laços familiares, afetando imensamente a concepção de futuro que poderiam elaborar.

Na sociedade tradicional, as decisões sobre a vida dos filhos e suas escolhas eram definidas principalmente pelos pais, ou por consenso de seguir caminhos que favorecessem os valores familiares, modelo que ainda prevalece nas camadas populares (SARTI, 1992, 2002).

Já a sociedade moderna enfatiza a priorização das escolhas individualizadas, de um caminho pessoal, reforçando a necessidade de ruptura com a família, como sinal de independência e autonomia (COSTA, 2004).

Como explicar, então, a situação de crianças e jovens que optam por permanecer junto de seus avós, seus principais cuidadores?

Dessen (2000) apresenta estudo confirmando que as avós ajudam a cuidar da educação dos netos, mas conhece-se pouco sobre a influência dos avós no desenvolvimento da criança ou sobre a relação entre a avó e a criança.

O que se pretende com este trabalho é reforçar a necessidade de aprofundar estudos que possam esclarecer a importância dos laços entre avós e netos na realidade das famílias brasileiras.

Entende-se que o estudo destes temas pode ser crucial na viabilização do trabalho terapêutico para crianças e jovens, priorizando o apoio adequado a eles, conforme nos solicitam, "escutando" e "conhecendo" melhor o que se passa em sua realidade, atentando para as relações que lhes são mais significativas.

## 2. Metodologia

O método utilizado para o estudo foi a análise qualitativa de dados sobre a vida de sete jovens (entre 18 e 30 anos) atendidas pela pesquisadora, por aproximadamente dois anos (entre setembro de 2000 a dezembro de 2003), no Centro de Orientação da Família – COF, que funciona no bairro de Novos Alagados, região do subúrbio de Salvador, Bahia.

O estudo desenvolveu-se por meio da análise de entrevistas semi-estruturadas e dos relatórios de atendimentos da equipe do COF, sendo realizado com a autorização das pessoas atendidas e dos responsáveis pelo projeto, com a assinatura de termo de "consentimento livre e esclarecido".

O conteúdo das entrevistas foi organizado em torno de eixos temáticos sugeridos pelas falas das entrevistadas, selecionados de acordo com o objetivo do estudo e organizados por categorias que favoreciam a compreensão da dimensão pessoal e familiar, além da contextualização sociocultural dos casos. Como este trabalho partiu de uma prática e objetivou a reflexão de tal prática, buscou teorias que pudessem vir a interligar os pontos evidenciados no atendimento clínico e em sua contextualização, seguindo, no percurso teórico, um caminho a ele correlato.

## 3. Resultados e discussão

### O medo de repetir a história de vida materna

Verbalizado como conteúdo de preocupação por parte de mães, avós e jovens, muitas vezes é tratado como assunto, pelas famílias, o receio de que as jovens possam seguir caminho igual ao da mãe, sendo evidenciado em temas como: namoro, vivência sexual, estudo, trabalho, escolhas pessoais, sofrimentos, solidão etc.

Um fato vivenciado pela mãe torna-se decisivo para a formação da filha, servindo de referência para os critérios de sua educação, excessivamente rígidos em alguns casos, muito tolerantes em outros.

O peso da história materna marca, assim, definitivamente a vida das filhas e gera, conseqüentemente, situações que podem causar conflito.

## Relação conflituosa com a figura materna

A relação conflituosa com a figura materna é acentuada quando se percebe o empenho das jovens em fugir do modelo materno, lutando para "provar" para a família que podem fazer um caminho diferente.

Subjacente a essa dinâmica, estão rejeição a atitudes da mãe, negação de sua maternidade ou censura de suas escolhas, concomitantemente a sentimentos confusos por causa da mistura entre raiva e admiração. Ocorria também a suposta inversão de papéis, com queixas das jovens por terem de assumir funções e tarefas que seriam de competência da mãe, ao substituírem os pais na organização da casa, mesmo conscientes de que exageravam tomando para si obrigações além do devido.

As situações de conflito identificadas mostraram que nem sempre o problema nasce da relação direta entre mãe e filha, o que inviabiliza querer explicá-lo pela culpa de uma ou outra:

> "Minha mãe biológica fez de tudo para sobreviver, sempre sobreviveu das coisas que fazia, que criava, e nunca teve um emprego [...] Minha mãe pra mim é como minha irmã [...]. Comecei a refletir sobre tudo que minha mãe passou, nos anos 70, mãe solteira naquela época era desvalorizada..." (Joana, 2005).

Circunstâncias da vida geram interferências na convivência entre mãe e filha, e comprometem não só o vínculo entre ambas, mas direcionam a estruturação da família, como: presença forte das avós, responsáveis pelos cuidados e educação das jovens na primeira infância; ausência do pai, gerando confusão em relação aos papéis que deviam ocupar na relação com a mãe, levando-as a atitudes extremadas, de quase substituir o pai como parceiro, ou de substituí-lo como mantenedor da casa; preocupação de não deixar a mãe sozinha, o que inibia as filhas na busca de outros vínculos, mantendo-as excessivamente apegadas às mães.

## Presença das avós e da família extensa

Já que estas mães mostram-se tão incapazes de assumir seu papel, será que existe alguém que substitui a sua função? Entra em cena a figura da avó materna que, pelo menos durante a primeira infância, se torna responsável pelos cuidados e pela educação das jovens (Aparecida, Mary, Joana, Dayane, Suzie, Adélia), o que provavelmente lhes deu suporte para conseguir se posicionarem diante das atitudes das mães.

As avós são vistas como presença forte, como a mão firme que não deixa a casa desmoronar.

Adélia relata que a avó a criou até os seis anos, no interior: "Recebi educação esmerada, mas minha avó era linha dura, ali ó [...]".

Joana foi criada pelos avós, que a assumiram, registrando-a como filha deles: "Na minha infância fui frágil, hoje ela ainda carrega essa imagem, mas esse cuidado todo me sufoca". Por ser a filha mais velha, ficou responsável por cuidar dos irmãos, todos morando com a avó materna.

Mary entende que aprendeu com a avó valores que traz até hoje. Conta que a avó era excelente cozinheira e que, com este trabalho, ajudava a manter a família. Além disso, em sua casa, todos se reuniam para os domingos de mesa farta. Depois que ela faleceu, a família se distanciou. A neta relata que "a família se perdeu a partir daí". Mas lembra que aprendeu várias coisas com a avó e acha, inclusive, que seguiu uma profissão parecida, já que ela e a prima estudam nutrição.

Para a família de Dayane, a avó, que tinha boa condição financeira, desempenhava a função de mantenedora, atendendo às mínimas necessidades dos netos.

As avós acabam por suprir carências da função da mãe e o conseguem pelo menos do ponto de vista afetivo, tornando-se pessoas significativas para as jovens (ARAÚJO, 2002; RUSCHEL, 1998).

Por outro lado, das jovens criadas pelas avós (Adélia, Aparecida, Joana e Mary), há o registro de queixas relativas à pressão que sofrem para não seguir o mesmo caminho da mãe, com comentários sobre a rigidez com a qual foram criadas, talvez no sentido de prevenir possíveis reincidências: "Coisas que nunca enxerguei em minha mãe (avó), hoje eu enxergo, agora aprendi a lidar com estes defeitos, que você nunca enxergou. [...] perdi tudo isso por causa da minha avó, ela não me deu o direito de ter uma mãe" (Joana, 2005).

A gravidez precoce é um dos principais temores destas avós, já que as netas são prova concreta de que as filhas engravidaram na adolescência ou juventude. Percebe-se, então, que a família projeta nestas jovens a preocupação de que elas possam identificar-se com a mãe e, nas próprias jovens, aparece o conflito entre seguir o modelo feminino que têm em casa ou negá-lo como referência.

Nesses casos, o exemplo da mãe tem conotação negativa.

Destaca-se, então, a importância da ausência paterna, sempre evidenciada nos relatos das jovens, que não conheceram seus pais ou conviveram pouco com eles (Aparecida, Joana, Suzie, Adélia): "Lá em casa cada um é filho de um pai. Eu mesma não conheci meu pai. Sei apenas que ele é do interior. Minha mãe não fala nada dele [...] eu vou crescendo, vou analisando e tentando consertar esta história [...]" (Joana, 2002).

Nos encontros de grupo, este tema aflorou em várias ocasiões; as jovens acreditam que, se o pai existisse ou fosse mais presente, talvez pudessem ser mais felizes.

Assim, Aparecida sonhava com a possibilidade de se aproximar do pai, entendendo que se ele a conhecesse melhor com certeza ia gostar dela. Adélia verbalizou que o grupo a ajudou muito, principalmente por ter encontrado pessoas com histórias parecidas com a sua, ou pessoas que ela imaginava que poderiam ter tudo para ser felizes, com "a presença do pai, por exemplo" (Adélia, 2002), e que ainda assim tinham dificuldades mais sérias do que as dela.

Outras viam na figura do pai um homem enfraquecido ou omisso (Dulce, Dayane e Mary): "Quando minha irmã estava com 11 anos, meu pai lhe contou que não era o pai dela. Ela ficou revoltada, até hoje é assim [...]. Me envergonho do meu pai, que se sujeita a tudo isto [...]" (Mary, 2001).

Para Mary, um pai alcoolista dá mais trabalho do que ajuda. Dayane percebe seu pai como um homem acomodado, que "[...] chega em casa, assiste à TV e vai dormir, todos os dias".

No caso de Dulce, a situação é diferente, pois tem em casa um pai machista e autoritário, e que escondeu a existência dos filhos de outra família, o que para ela é revoltante, levando-a a ter aversão a certas atitudes dele.

Enfim, esses pais existem o tempo todo no imaginário das jovens que, atentas à fragilidade real deles ou à ausência sofrida de toda uma vida, reconhecem que a falta deles as coloca em situação mais delicada diante de suas mães.

A posição que essas jovens tomam diante dessa ausência gera confusão quanto aos papéis que devem ocupar na relação com a mãe. Esta situação pode levá-las a atitudes extremadas, de quase substituir o pai como parceiro (Aparecida), ou de colocar-se como mantenedora da casa (Adélia, Mary, Dayane, Suzie): "As minhas economias, que eu tinha [...] deu pra pagar a matrícula de minha irmã [...]" (Suzie, 2005).

Há, ainda, a preocupação de não deixar a mãe sozinha; sobressai um sentimento de que esta, já abandonada uma vez, e tão solitária atualmente, não suportaria a ausência da filha (Adélia, Aparecida). Esta percepção inibe as filhas na busca de outros vínculos, mantendo-as excessivamente apegadas às mães, o que se acentua para aquelas que não convivem com o pai.

## Desconfiança em relação ao sexo oposto – Solidão e silêncio

Destaca-se, nos relatos, o tema da solidão, que abrange vários outros aspectos: temores em relação ao sexo masculino, visto como responsável pelo sofrimento materno; a solidão vivenciada pela mãe e o medo de a filha tornar-se pessoa tão só quanto sua mãe; o temor de engravidar; o sentimento da filha de ter que compensar a solidão materna.

Os homens foram vistos como irresponsáveis por não terem assumido compromisso com as mães. Houve reforço, por parte de avós e mães, de que os homens não mereciam confiança, ênfase que provocou uma visão preconceituosa quanto ao sexo masculino, resultando na reação de evitar o convívio com pessoas do sexo oposto.

Deste tema, emergiram preocupações quanto à sexualidade e ao medo de engravidar, o que se refletiu na atitude de evitar qualquer envolvimento com rapazes.

Na reflexão sobre a aproximação entre solidão e distanciamento dos rapazes, emergiu também a preocupação com o futuro e com a possibilidade de talvez não constituírem suas próprias famílias, pois viram, na solidão atual de suas mães, a fatalidade da solidão para si mesmas, sofrendo em dobro no momento, antecipando a dor que presenciavam e da qual não podiam falar.

O acompanhamento terapêutico e a participação nos encontros de grupo tornaram-se oportunidades nas quais puderam discutir tais questões e, de alguma forma, aliviar a dor, falando de sua intimidade e clareando o sentimento de solidão vivenciado, que não podiam expressar em casa, pelo temor de magoar as mães. Saíram, então, da postura de silenciosas observadoras para resolutas defensoras de suas posições, verbalizando seus argumentos, idéias e desejos.

Porém, havia ainda um sentimento de impotência, de incapacidade de sair da situação vivenciada. Em conseqüência, apareciam sentimentos de menos valia, complexos, insegurança, timidez, que corroboravam para desenvolver atitudes de recolhimento e reserva.

Tal energia acumulada precisava de válvulas de escape, e o empenho nos estudos e no trabalho apareceu como justificativa, direcionando suas forças para alcançar o sucesso nestas áreas, mais aceitáveis socialmente.

*Sobrevivência familiar*

Ser arrimo de família foi outro aspecto de grande repercussão na vida destas jovens, justamente por estarem estudando e trabalhando, o que gerava uma expectativa, por parte de suas famílias, de que elas fossem a garantia de um futuro melhor para todos.

Cinco delas residiam em bairros considerados entre os mais carentes de Salvador, identificados com áreas de risco e de muita marginalidade. E, mesmo neste contexto, conseguiram chegar à universidade, o que as inseria em um grupo privilegiado. Primeiramente, porque em suas famílias não existiam pessoas com o mesmo grau de formação; depois, porque estudaram em escolas públicas; e, finalmente, porque venceram graças ao esforço e vontade pessoais.

A suposta ascensão de *status* atribuída ao estudo evidencia que, mesmo dentro de contextos não favorecedores, encontram-se jovens que conseguem caminhar, fazendo escolhas que poderiam ser consideradas mais "competentes", do ponto de vista das alternativas existentes em sua realidade de origem. O estudo tornou-se a tábua de salvação destas jovens, abrindo às vezes possibilidades ocupacionais um pouco melhores, se comparadas à realidade de sua área; mas, por outro lado, deixou-as vinculadas à família pelo aspecto financeiro, por colaborarem para sua manutenção e sobrevivência.

Por esse motivo, as famílias interferiam nas escolhas das jovens e, às vezes, discordavam, sem entender o esforço por elas empreendido e seu interesse pelo estudo, além dos sofrimentos que vivenciavam para levar adiante suas metas.

Por trás do empenho nos estudos, escondem-se problemáticas oriundas do seu meio, expressas como o medo da violência, do desemprego, e o preconceito por serem desta ou daquela comunidade, com a discriminação no meio universitário por sua condição de pobreza, por serem negras ou de determinado bairro.

O desejo de alcançar uma condição de *status*, que vá além da condição de suas famílias de origem, pode ser visto como um fator que motiva estas jovens, e o estudo lhes proporciona tal distinção, aproximando-as de "outros mundos".

Contudo, o estudo emerge também como meio para adquirir maior compreensão da situação de exclusão de suas famílias. Assoma o sentimento de compaixão, destacando-se, em seus discursos, a preocupação pelo bem-estar da família, e dor pelo sofrimento no qual se encontravam, apontando para um sentimento de solidariedade, de pertencimento, e para a consciência de estar em condição melhor, no momento, do que os outros membros do grupo familiar.

Provavelmente, a condição de estarem solteiras e sem filhos, e o forte vínculo de dependência com suas mães, acrescido do sentimento de gratidão, coloca-as como que obrigadas a privilegiá-las como objeto de cuidado. Novamente, a ausência do pai, como provedor, recai nas costas das filhas, vítimas desta realidade, que não depende de sua escolha.

Ao optar conscientemente pelo cuidado dos seus, revelam uma atitude bem diversa do individualismo, prevalecendo a convicção do valor do outro, do bem comum, que supera a lógica do cada um por si.

Tal situação sobrecarrega as jovens, impondo-lhes responsabilidades que não deveriam ser de sua competência, o que, em alguns casos, provoca momentos de estresse.

*Quando a pressão vai além da conta –*
*situações de adoecimento*

Observou-se a incidência de quadros como ansiedade, depressão e compulsão nos relatos das jovens e de seus familiares. Existem estudos que apontam para estes sintomas como manifestação da dificuldade de a pessoa fazer escolhas (COSTA, 2004; SARTI, 2002).

Convém ressaltar que, nestes casos, a questão da sintomatologia pode ser inserida como parte da tendência à repetição, da aprendizagem por meio da identificação, já que a condição de adoecimento é característica das mães, e é apresentada pelas filhas, nem sempre com o mesmo sintoma, mas compondo um quadro com sinais de depressão ou ansiedade.

Foi possível observar que as mães que acolheram o movimento das filhas, envolvendo-se no tratamento e disponibilizando-se a um cuidado pessoal, mostraram maior capacidade de abertura e contribuíram para a superação dos conflitos, favorecendo o enfrentamento destes.

# 4. Considerações finais

O ponto de partida da pesquisa apresentada foi o foco abordado com ênfase nos relatos de jovens que expressavam sua necessidade de se tornar independentes, mas sem conseguir realizar este objetivo, o que as levou a procurar ajuda.

Atitudes de proteção das mães ou de outros familiares, o cerceamento próprio da realidade de uma área de risco, além da falta de recursos e acesso a serviços básicos, agravaram a condição de dependência destas jovens.

As jovens revelaram, em seu discurso, que mães e avós temem que elas repitam suas histórias pessoais, seja de fracasso nos relacionamentos, seja de insucesso profissional, interferindo assim em suas decisões pessoais e procurando direcionar suas escolhas.

Os vínculos entre mãe e filha, e destas com a família extensa, mostraram a interferência de aspectos emocionais no processo de diferenciação das jovens, revelando que as forças afetivas são significativas quando se trata de compreender a transmissão de padrões e crenças dentro do sistema familiar, perpetuando-se de uma geração para outra, influenciando escolhas pessoais.

É nesse sentido que a presença das avós se torna tão significativa, quando são vistas pelas netas como pessoas nas quais se espelham como modelo a ser seguido, principalmente por transmitir valores que servem como referência quanto à forma de agir na própria vida.

Nos casos apresentados, as avós desempenham funções afetivas, educativas e de mantenedoras do grupo familiar. Há situações extremas nas quais se constata que as avós, mesmo com boas intenções, interferem na relação entre netos e pais, contribuindo para o distanciamento entre eles.

Quanto à identificação com a figura da avó, observa-se a influência tanto em relação à escolha da profissão (a mesma da avó ou na mesma área) como aos valores, e pelo reconhecimento do apego afetivo.

Observa-se ainda que a decisão de ficar na "casa-mãe", ou seja, na casa da avó, decorre de sentimentos de gratidão, reciprocidade, solidariedade, com a valorização de metas coletivas, em detrimento de projetos individuais. Este tipo de decisão não quer dizer que necessariamente estas jovens sejam dependentes, ou que não alcançaram sua diferenciação. Supõe, pelo contrário, que a capacidade de discernimento quanto às condições de vida na sociedade atual convidam mais à união de forças do que à lei do cada um por si.

O apego à família e a seus valores foi visto como fator de sobrevivência, mesmo dentro de um ambiente conflituoso. Para estas jovens, a família existe como porto seguro, ainda que com todas as suas contradições.

Aprender a conviver com os seus, elaborando suas dificuldades e aceitando limites pessoais, parece valer a pena em prol da convivência comum e da construção de projetos familiares, que, de alguma forma, sustentam e mantêm a expectativa de um futuro melhor.

## Referências

ALVES, C. Ex-pai: ausência da figura paterna pode causar várias reações psicológicas. *A Tarde*, Salvador, 24 abr. 2005.

ARAÚJO, M. R. G. L.; DIAS, C. M. Papel dos avós: apoio oferecido aos netos antes e após situações de separação/divórcio dos pais. *Estudos de Psicologia*, v. 7, n. 1, pp. 91-101, 2002.

BASTOS, A. C. S. *Modos de partilhar*: a criança e o cotidiano da família. Taubaté, Cabral, 2001.

BENINCÁ, C. R. S.; GOMES, W. B. Relatos de mães sobre transformações familiares em três gerações. *Estudos de Psicologia*, v. 3, n. 2, pp. 177-205, 1998.

BERENSTEIN, I. Problemas familiares contemporâneos o situaciones familiares actuales: invariância y novedad. *Psicologia USP*, v. 13, n. 2, pp. 15-25, 2002.

BERQUÓ, E. Arranjos familiares no Brasil: uma visão demográfica. *A vida privada no Brasil 4*. 1998. cap. 6, pp. 411-437,

BILAC, E. D. Sobre as transformações das estruturas familiares no Brasil: notas muito preliminares. In: RIBEIRO, I.; RIBEIRO, A. C. (orgs.). *Família em processos contemporâneos*: inovações culturais na sociedade brasileira. São Paulo, Loyola, 1995. pp. 43-61.

BOWEN, M. *Family therapy in clinical practice*. Nova York, Jason Aronson, 1978.

CERVENY, C. M. O. *A família como modelo*: desconstruindo a patologia. Campinas-SP, Livro Pleno, 2000.

COSTA, J. Perspectivas da juventude na sociedade de mercado. In: NOVAES, R; VANNUCHI, P. (orgs.). *Juventude e sociedade*: trabalho, educação, cultura e participação. São Paulo, Fundação Perseu Abramo, 2004. pp. 75-88.

DESSEN, M. A.; BRAZ, M. P. Rede social de apoio durante transições familiares decorrentes do nascimento de filhos. *Psic.: Teoria e Pesquisa*, v. 16, n. 3, pp. 221-231, 2000.

ELIACHEFF, C.; HEINICH, N. *Mães-filhas*: uma relação a três. São Paulo, Martins Fontes, 2004.

EIZIRIG, M.; BERGMANN, D. S. Ausência paterna e sua repercussão no desenvolvimento da criança e do adolescente: um relato de caso. *Rev. Psiquiatria*, v. 26, n. 3, pp. 330-336, 2004.

FONSECA, C. *Família, fofoca e honra*: etnografia de relações de gênero e violência em grupos populares. Porto Alegre, Ed. Universidade/ UFRGS, 2000.

_____. Mãe é uma só? Reflexões em torno de alguns casos brasileiros. *Psicologia USP*, v. 13, n. 2, pp. 49-68, 2002.

FORBES, J. Por que Daniele matou Eduardo: o fenômeno das "agressões inusitadas" é a doença de um mundo que descartou a figura do pai. *O Estado de S. Paulo*, São Paulo, 17 abr. 2005, Caderno Aliás, p. j3.

PETRINI, J. C. *Pós-modernidade e família*: um itinerário de compreensão. Bauru-SP, Edusc, 2003.

RISÈ, C. *Il Padre, l'assente inaccettabile*. Milano, Edizioni San Paolo, Cinisello Balsamo, 2003.

RUSCHEL, A. E.; CASTRO, O. P. O vínculo intergeracional: o velho, o jovem e o poder. *Reflexão e crítica*, v. 11, n. 3, pp. 523-539, 1998.

SARTI, C. A. Algumas questões sobre família e políticas sociais. In: JACQUET, C.; COSTA, L. F. (orgs.). *Família em mudança*. São Paulo, Companhia Ilimitada, 2004. pp. 193-213.

_____. Família e individualidade: um problema moderno. In: CARVALHO, M. C. B. (org.). *A família contemporânea em debate*. São Paulo, EDUC/Cortez, 2002. pp. 39-49.

_____. Família patriarcal entre os pobres urbanos? *Cad. Pesquisa*, n. 82, pp. 37-41, 1992.

_____. O jovem na família: o outro necessário. In: NOVAES, R.; VANNUCHI, P. (orgs.). *Juventude e sociedade*: trabalho, educação, cultura e participação. São Paulo, Fundação Perseu Abramo, 2004. pp. 115-129.

# A MEDIAÇÃO DA BABÁ NA RELAÇÃO COM CRIANÇAS EM AMBIENTE DOMÉSTICO[*]

CAPÍTULO 4

*Cristiani Beltran Fanti*[**]
*Marilena Ristum*[***]

---

[*] Parte da dissertação de mestrado da primeira autora, sob a orientação da segunda.

[**] Mestra em Psicologia pela UFBA. *E-mail*: <cristiani.beltran@gmail.com>.

[***] Mestra em Psicologia pela USP, doutora em Educação pela UFBA e professora associada dos cursos de graduação e pós-graduação (mestrado e doutorado) em Psicologia – UFBA. *E-mail*: <ristum@ufba.br>.

Este capítulo focaliza a atuação da babá como mediadora das relações entre a criança e o seu ambiente físico e sociocultural, considerando a complexa rede de relações constituída por uma multiplicidade de fatores que abrangem desde o seu histórico pessoal até as características da criança sob seus cuidados, passando por toda a gama de questões envolvidas no cotidiano da família contratante.

Embora a temática da mediação venha sendo alvo de inúmeros estudos relatados, tanto na literatura internacional quanto nacional, nenhuma referência específica à atuação da babá no ambiente doméstico foi encontrada. A contribuição da mídia para o assunto restringe-se à apresentação de notícias sobre práticas de maus-tratos de crianças por babás, colocando em pauta os riscos de se deixar a criança sob os cuidados de pessoas desqualificadas para exercer tal atividade.

Ao abordar as ações da babá nas práticas de cuidado de crianças no ambiente doméstico, procura-se, inicialmente, de forma resumida, situar o leitor a respeito da história do serviço doméstico e do perfil socioeconômico da profissão.

Analisa-se, a seguir, o papel da babá na educação da criança, no âmbito doméstico, em sua participação nas práticas cotidianas de cuidados. São enfocados alguns conceitos utilizados na perspectiva sociohistórica e que auxiliam neste estudo, como a constituição histórico-cultural do ser humano, a mediação e a zona de desenvolvimento proximal. Apresenta-se também uma síntese da literatura sobre mediação e desenvolvimento infantil.

Finalmente, são relatados alguns resultados de uma pesquisa feita com babás, em que foi possível observar diversos estilos de mediação durante a prática de duas atividades com a criança: a refeição do almoço e brincadeira livre. Os diversos significados culturais atribuídos às práticas de cuidado, tanto por parte da babá quanto pela mãe da criança, também constituem foco do trabalho e problematizam, ainda mais, a atuação das babás no ambiente doméstico, trazendo novos questionamentos sobre a participação desta profissional na educação da criança.

## 1. A profissão de babá

A história da prática de cuidados de crianças no Brasil está relacionada à história da mulher, em sua trajetória de inclusão gradual em novos papéis na sociedade. Inicialmente, a mulher ocupou posições sociais vinculadas somente à esfera doméstica e familiar, mas, atualmente, vem aumentando a sua participação no mercado de trabalho, através da atuação profissional em uma grande variedade de atividades, ocupando, inclusive, cargos de liderança em instituições diversificadas.

Acompanhando a participação da mulher no mercado de trabalho, uma rede de apoio à tarefa de cuidado dos filhos se formou, tanto para as mulheres pertencentes à classe socioeconômica baixa, com o advento das creches públicas ou sustentadas pelas empresas que as empregavam, quanto para as de classe média e alta, que puderam contar com os serviços de babás e, mais recentemente, com creches particulares. Estes suportes facilitaram o afastamento da mulher dos afazeres domésticos em direção ao exercício de atividades profissionais.

O trabalho da babá se insere na história do serviço doméstico; antes mesmo da Abolição da Escravatura, no século XIX, escravas domésticas eram encarregadas das tarefas do lar, exercendo atividades como ama-de-leite, cozinheira, arrumadeira, que davam suporte ao funcionamento das casas, à procriação e aos cuidados dos filhos dos senhores. Após a Abolição da Escravatura, o trabalho doméstico se tornou a maior fonte de trabalho feminino, especialmente para as jovens das famílias de baixa renda.

As famílias de classe média podiam contar com mocinhas para uma espécie de "ajuda contratada": a ajudante era enviada, por sua família, para outra casa, como um passo intermediário para o matrimônio; esta idéia de ajuda perdurou na primeira metade do século XX, nas várias regiões do Brasil, mas, sobretudo, nas Regiões Norte e Nordeste (MELO, 1998).

Há uma relação dinâmica de diversos componentes (história política, cultural, econômica e social) que contribui para que a profissão de babá se configure como uma opção atrativa às mulheres, principalmente as oriundas das cidades do interior, pertencentes a camadas sociais mais baixas e que visualizam, nesta atividade, uma oportunidade de inserção no mercado de trabalho.

Fortalecendo esta colocação, Melo (1998) observa que o trabalho doméstico representa um bolsão de emprego da mão-de-obra feminina no Brasil. Sem exigir nenhuma qualificação, é uma atividade desvalorizada pela sociedade e pelas instituições políticas, quase não existindo debates sobre os direitos dessas trabalhadoras; o que existe, limita-se à participação feminina no âmbito das atividades que envolvem direta ou indiretamente a produção de mercadorias, como é o caso do trabalho em indústrias ou no ramo do comércio, deixando de considerar as tarefas de profissionais que trabalham no ambiente doméstico.

Colaboram com esse quadro das profissões do ramo doméstico as altas taxas de desemprego nas principais regiões metropolitanas do País (São Paulo, Belo Horizonte, Rio de Janeiro, Porto Alegre e Salvador), que atingem especialmente as mulheres – entre janeiro e abril de 2006, foi de 55% (DIEESE, 2006).

A profissão de babá, assim como todas as outras profissões inseridas na categoria de trabalhadores domésticos, é uma das que recebem a pior remuneração (MELO, 1998). Em Salvador, a principal cidade da Região Nordeste, o rendimento médio mensal, em 2006, nas atividades de serviços domésticos, foi de 82,57% do salário mínimo (IBGE, 2006).

A desvalorização social do serviço doméstico repercute na dificuldade para se obter dados sobre o número real desses trabalhadores. Na Pesquisa Mensal de Emprego do IBGE (setembro de 2006), o percentual da população ocupada com serviços domésticos, em seis regiões metropolitanas (São Paulo, Rio de Janeiro, Belo Horizonte, Salvador, Recife e Porto Alegre), foi de apenas 8,4%. Entretanto, estima-se que tal percentual seja bem maior, já que, por ser considerada uma atividade denominada, pelo Dieese, como pertencente a *postos de trabalho vulneráveis*, categoria esta que inclui os assalariados sem carteira profissional assinada, não abarca um grande número de babás e outros trabalhadores domésticos.

A legislação brasileira que organiza o mercado de trabalho nacional – a Consolidação das Leis Trabalhistas (CLT) – não inclui os empregados domésticos. Esta categoria é regida pela Constituição Federal de 1988, através da Lei n. 5.859, que estendeu a ela alguns direitos, mas não o conjunto de direitos trabalhistas (MELO, 1998), como, por exemplo, o adicional de hora extra e o salário-família.[1]

A imprecisão da legislação trabalhista para com o profissional do cuidado de crianças evidencia-se na amplitude de denominações dadas pelo Ministério do Trabalho e Emprego (MTE): pajem, babá, monitora, atendente, recreacionista e mãe substituta.

A indiferenciação ocorre também quanto à formação profissional requerida, sendo sugerido, de forma ampla e genérica, que o acesso ao emprego se dê através de cursos e treinamentos, além da formação mínima, que varia da 4ª série do Ensino Fundamental até o Ensino Médio.

Subjacente à imprecisão quanto à formação profissional requerida pelo MTE para exercer a atividade de babá, parece estar, conforme assinalam Veríssimo e Fonseca (2003), a concepção amplamente adotada pela sociedade de que, para

---

[1] Disponível em: <http://www.guiatrabalhista.com.br>.

cuidar de crianças, não é necessária uma capacitação profissional específica.

Uma revisão da literatura mostrou que as pesquisas sobre o cuidado de crianças apresentam, com maior ou menor grau de explicitação, concepções que podem ser classificadas em quatro grupos principais diferentes, mas não necessariamente excludentes: 1. O cuidado é concebido como parte intrínseca da natureza feminina; 2. O cuidado é concebido como diferenciado da educação; 3. O cuidado no ambiente doméstico é concebido como diferenciado do cuidado no ambiente institucional e 4. O cuidado prescinde de capacitação profissional.

No primeiro grupo, em que o cuidado é visto como parte intrínseca da natureza feminina, tem-se a idéia de que as mulheres transferem habilidades e funções de cuidar, próprias de sua prática cotidiana em casa e na comunidade, para as profissões que exercem (MONTENEGRO, 1999). Ao se conceituar a capacitação do ser humano em termos de dicotomias de gênero, como no caso do cuidado de crianças, pode-se deduzir, erroneamente, que este é um atributo da essência dos sujeitos. Limita-se a análise da experiência do que é ser homem e mulher e se desvia a atenção de questões mais importantes para o estudo do cuidado, como, por exemplo, quais componentes constituintes psicológicos e culturais do cuidador estão implicados nas práticas de cuidado às crianças na faixa pré-escolar (MONTENEGRO, 1999).

É também implícita a crença de que o amor materno existe em todas as mães, e, portanto, sendo um sentimento inato da natureza feminina, habilita a mulher a cuidar de qualquer criança e educá-la, sendo seu filho ou não.[2] Ocorre que não

---

[2] Essa crença foi bastante debatida por Badinter (1985) em seu célebre livro *Um amor conquistado: o mito do amor materno*, fruto de uma pesquisa histórica realizada pela autora, na França, que gerou muita polêmica, ao argumentar que o amor, como todos os sentimentos humanos, pode tanto ser incerto, frágil e imperfeito quanto existir ou não, a depender de uma série de fatores e circunstâncias, tais como condições socioeconômicas, experiências maternas e histórico de vida.

existem garantias de que o fato de ser mãe já capacita a mulher para ser uma boa cuidadora de crianças, dentro de um raciocínio linear, mas, conforme colocam Veríssimo e Fonseca (2003), lamentavelmente, este é o pensamento popularmente disseminado.

No segundo grupo de concepções, encontra-se a questão da separação entre o cuidar e o educar. Um dos motivos desta diferenciação relaciona-se à concepção de que o cuidado é uma atividade pertinente à classe social mais baixa, às criadas que cuidam (MONTENEGRO, 1999). Assim, o cuidado é relacionado às atividades higienistas, como o cuidado do corpo da criança, que envolve um trabalho manual e que vem sendo realizado, em toda a história da humanidade, como atividade prática, segundo bases empíricas e de menor valor social (VERÍSSIMO & FONSECA, 2003; LORDELO, 1998). A concepção do cuidado, enquanto atividade que também educa, é defendida na literatura por diversos autores, tais como Montenegro (1999), Silva e Bolsanello (2002); assim sendo, não deveria ser compreendida de forma dicotômica. Esta concepção unitária do cuidar e educar remete a uma questão: o trabalho da babá enquanto cuidadora integra a educação da criança?

Na tentativa de trazer à tona a imbricação do cuidar e educar, Rosemberg e Campos (1994) fazem uso do termo *educare* designando, assim, a fusão entre cuidar e educar – observa-se que *care*, em inglês, significa *cuidado*. Nesse sentido, a babá, mesmo que não incumbida formalmente pela família contratante de educar a criança, na interação com esta transmite seus valores, crenças e participa ativamente de sua educação.

O terceiro grupo de concepções refere-se à diferenciação entre os cuidados no ambiente doméstico e os cuidados na instituição (VERÍSSIMO & FONSECA, 2003).

O cuidado na creche parece estar relacionado muito mais ao aspecto pedagógico, já que é um tipo de cuidado profissional e fundamentado no saber científico, diferente do cuidado materno, geralmente fundamentado no saber cotidiano. A mãe é tida como a principal cuidadora, tal como colocam Veríssimo e Fonseca (2003, p. 33): "esta idéia decorre de que o cuidado é tido como função materna"; sendo assim, para as autoras o trabalho das educadoras em creches confunde-se com o da família, ao cuidar das crianças.

E, por último, tem-se o grupo de concepções sobre o cuidado tido como uma atividade que prescinde de capacitação profissional. A inexistência de qualquer determinação, pela União, acerca da obrigatoriedade de capacitação para os cuidadores de crianças no ambiente doméstico, e a ausência de exigências, ainda que incipientes, para os profissionais que atuam em creches e em pré-escolas podem, segundo Veríssimo e Fonseca (2003), contribuir para a sustentação dessa concepção.

A formação do cuidador de crianças, conforme relata Lagos Oliveira (2001), é heterogênea e muitas vezes deficitária, devendo constituir um tema relevante nas discussões que acontecem na área de educação e um dos principais alvos das políticas governamentais. Mas esta discussão não ocorre com as profissões que se inserem no ambiente doméstico, como é o caso da babá, e os motivos podem estar relacionados com o predomínio de concepções que percebem o cuidado como inerente à natureza feminina (MONTENEGRO, 1999) e, também, conforme já citado anteriormente, devido à própria desvalorização social do serviço doméstico.

Relacionada a essa questão da formação profissional, parece haver uma falta de clareza sobre as habilidades necessárias ao profissional do cuidado de crianças (BONETTI, 2004). Dentro deste debate, o aspecto da escolarização mínima para exercer a profissão tem gerado pesquisas que discutem se o nível de escolaridade é um indicador de um bom trabalho de cuidado com a criança. De acordo com Lagos Oliveira (2001), pesquisas internacionais revelam que o nível de escolaridade não é considerado tão importante quanto a formação específica do educador, esta sim relacionada aos conhecimentos necessários para atuar no cuidado de crianças, tais como o conhecimento sobre o desenvolvimento infantil.

É importante observar que a divisão das concepções encontradas na literatura em quatro diferentes grupos de concepções atende mais a uma organização conceitual de cunho didático que a uma realidade prática do exercício de cuidados da criança, em que estas concepções se encontram inter-relacionadas. Parece existir uma visão social reducionista sobre o que sejam as profissões que envolvem o cuidado de crianças e, especialmente, no que se refere ao trabalho das profissionais que atuam no ramo doméstico; por isso, o que se requer é ainda muito pouco: basta ser mulher e ocupar o lugar que secularmente já lhe é de direito – a esfera doméstica.

Para discorrer sobre a mediação promovida pela babá na sua interação com a criança sob seus cuidados, julgou-se necessário referenciar conceitualmente a mediação, fazendo uma incursão pelo processo de constituição histórico-cultural do homem, colocando em evidência o papel da mediação no processo de seu desenvolvimento.

## 2. A cultura na constituição do processo de hominização

A cultura é responsável pela hominização da espécie humana e, nesse sentido, Bruner (1997, p. 22) afirma que "o divisor na evolução humana foi cruzado quando a cultura se tornou o fator principal para dar forma às mentes"; para ele, deve-se considerar que a psicologia está imersa na cultura, devendo se organizar em torno dos processos culturais do ser humano.

Sendo o desenvolvimento da criança de natureza cultural, para Vygotsky a cultura ocupa uma posição relevante na construção da subjetividade do indivíduo. Tem-se, assim, uma concepção social da mente, em que os processos psicológicos humanos estão intrinsecamente relacionados ao contexto sociocultural e se assume a concepção do fenômeno psicológico fundamentando-se no paradigma de que a construção da subjetividade se processa do social para o individual (CHAVES, 2000).

Nesse processo de construção da subjetividade humana, o indivíduo nasce em uma sociedade em que as relações sociais estão fundamentadas em uma cultura historicamente construída pelo homem. Assim, na perspectiva histórico-cultural, a cultura apresenta um papel constitutivo em relação ao ser humano e é indissociável deste (CARVALHO & PEDROSA, 2002). A história do indivíduo integra-se à cultura, e o conhecimento desta história nos auxilia a conhecer sua cultura.

O conceito de apropriação participatória, proposto por Rogoff (1998), implica que, quando as pessoas participam de uma atividade, também participam da elaboração do seu significado, fazendo freqüentemente contribuições, quer seja através de ações concretas, quer seja de esforços para entender as ações e idéias dos outros; considera, portanto, que a participação é, por si só, o processo de apropriação. A apropriação refere-se, de acordo com Smolka (2000, p. 28), a modos de tornar próprio, de tornar seus os valores e normas socialmente estabelecidos; refere-se, ainda, a um significado que está relacionado à noção de que o tornar próprio implica "[...] fazer e usar instrumentos numa transformação recíproca de sujeitos e objetos, constituindo modos particulares de trabalhar e produzir".

Considera-se que o conceito de apropriação expressa, adequadamente, o caráter dialético da ressignificação, feita pela babá, das práticas de cuidado dentro do ambiente doméstico, pressupondo-se que, ao entrar em contato com uma realidade social distinta da sua, ela irá apropriar-se de informações novas sobre práticas de cuidado de crianças, e que algumas destas práticas poderão tornar-se suas, bem como ser adequadas para que sejam pertinentes ao ambiente familiar em que ela está inserida.

Ao se apropriar dos significados culturais e ressignificá-los, o ser humano demonstra a sua capacidade de simbolizar, de interpretar os signos, instaurando-se a relação entre pensamento e linguagem. Além da capacidade de simbolização, também o uso de objetos ou ferramentas pelo ser humano, como forma de ação sobre a natureza, constituem os dois meios de produção da cultura. Estes dois meios, de naturezas diferentes, têm em comum, conforme apontou Vygotsky, o fato de ser mediadores da ação humana (PINO, 2005).

A relevância da mediação, enquanto unidade de análise nos estudos com perspectiva histórico-cultural, é objeto de discussão entre os pesquisadores e, ainda que Vygotsky (1998) e Bruner (1997) tenham indicado o significado como unidade de análise apropriada para o estudo dos processos psicológicos, alguns autores, tais como Wertsch (1998), Ribas, Seidl de Moura (1999) e Smolka (2000), elegem a ação mediada como unidade analítica apropriada aos avanços teóricos da perspectiva histórico-cultural. A justificativa para esta escolha é a de que os humanos têm acesso ao mundo somente de forma indireta, ou mediada, e isto se aplica tanto em relação às formas como obtêm informações sobre o mundo, como também às formas como agem sobre o mundo – dois processos que, geralmente, são vistos como fundamentalmente entrelaçados (WERTSCH; DEL RIO; ALVAREZ, 1998); significado e ação do indivíduo sobre o mundo encontram-se, assim, extremamente imbricados.

## 3. A mediação nas relações sociais

A relevância do outro está presente no pensamento de Bakhtin, ao colocar que se deve considerar, no estudo das enunciações dos indivíduos, tanto a situação social imediata quanto o meio social mais amplo, pois estes determinam completamente a estrutura da enunciação. Isso significa, em outras palavras, também dizer que a palavra não pertence totalmente ao locutor, ou seja, àquele que fala, pois é determinada pelas relações sociais (BAKHTIN, 1988). O autor se refere, aqui, ao conceito de polifonia, que focaliza a presença de outras vozes presentes nos enunciados dos indivíduos. Sobre tal conceito, Amorim (2002, p. 12) esclarece que: "A polifonia é da ordem do *discurso* e, portanto, do acontecimento: outras vozes se fazem ouvir, num dado momento, num dado lugar, dando origem a uma multiplicidade de sentidos". Os conceitos de enunciados e vozes, no discurso do indivíduo, descrevem o processo denominado inter-animação dialógica que ocorre em uma conversação (SPINK & MEDRADO, 1995). Na análise dos significados, a palavra constitui um sinal privilegiado, ao possibilitar a interface entre os processos sociais e individuais no discurso para os outros ou no discurso interno (SMOLKA; GÓES; PINO, 1998); e, estando ou não os interlocutores presentes fisicamente, continuam presentificados nos diálogos.

O que se vê é que, na perspectiva de Bakhtin, a linguagem é uma prática social por definição e, sendo assim, a construção dos sentidos de mundo ocorre na confluência de diversas vozes. Quando uma babá é indagada sobre determinada prática de cuidado, pode trazer, em seu discurso, a presença da voz de seus pais ou dos pais de crianças com quem trabalhou no passado; nesse momento, conforme ressaltam Spink e Medrado (1995), surgem, na dialogia, as vozes de outros e, portanto, a compreensão dos sentidos é sempre um confronto entre muitas vozes.

O outro ocupa, para Vygotsky, um papel fundante na constituição do sujeito, ou seja, a existência de um eu só é possível via relações sociais e, "[...] ainda que singular, é sempre e necessariamente marcado pelo encontro permanente com os muitos outros que caracterizam a cultura" (ZANELLA, 2005, p. 102).

A dimensão que o outro ocupa na constituição do indivíduo está presente nas explicações de Vygotsky sobre a constituição do psiquismo humano, fundamentadas na pressuposição de que este se gesta no contexto das relações sociais (ZANELLA, 2005). Tal como Wallon já havia colocado, o outro se torna parte do indivíduo, "o eterno sócio do eu" (PINO, 2005, p. 104).

A relevância da mediação e da participação de um outro, desde o início da vida da criança, é evidenciada na seguinte afirmação:

> Desde os primeiros dias do desenvolvimento da criança, suas atividades adquirem um significado próprio num sistema de comportamento social e, sendo dirigidas a objetivos definidos, são refratadas através do prisma do ambiente da criança. O caminho do objeto até a criança e desta até o objeto passa através de outra pessoa (VYGOTSKY, 1998, p. 40).

São dois os tipos de mediação, através do uso de instrumentos e através do uso de signos, colocados por Vygotsky (1998) como atividades tão diferentes uma da outra que a natureza dos meios utilizados não poderia ser a mesma. Smolka (2000) alerta para o fato de que vários estudos recentes têm enfatizado as similaridades entre signo e instrumento, reduzindo, assim, a força teórica e analítica da elaboração vygotskiniana.

A atividade mediadora com o uso de instrumentos, por ser orientada externamente, altera o ambiente físico, como na situação em que o adulto coloca um banco próximo à pia do banheiro, de modo a sinalizar e facilitar a ação da criança que, por sua vez, pode subir no banco e escovar os dentes.

Já a atividade mediadora pelo uso de signos, principalmente a linguagem, embora não modifique diretamente o ambiente material, permite ao indivíduo, ao fazer uso destes, produzir alterações no comportamento. Quando o adulto utiliza a linguagem, pode controlar o comportamento da criança, ao solicitar, por exemplo, que esta pegue um objeto que caiu e, a partir desta ação, a criança é capaz de, em outras situações, controlar o próprio comportamento, ao realizar uma ação igual ou similar, sem a intervenção do adulto. A função desempenhada pelo signo é, assim, de controle externo, que passa a ser interno, ou seja, de autocontrole (PINO, 2005).

Na análise da interação da criança com o social, o adulto exerce um papel significativo, enquanto mediador da relação entre ambiente e criança, quer seja facilitando as ações da criança nesse ambiente, alterando objetos, por exemplo, quer seja no seu papel de atribuir significados aos objetos e situações, ou às suas próprias ações e às ações dessa criança.

A partir destas considerações, o estudo das mediações que a babá faz entre o ambiente e as ações da criança poderá contribuir para a compreensão da atuação de alguns fatores relevantes para o desenvolvimento infantil.

## 4. Mediação e desenvolvimento da criança

A mediação de um adulto, ou de um parceiro mais experiente, pode incentivar o desenvolvimento da criança, especialmente se a interação ocorrer em uma região conceitual denominada, por Vygotsky, Zona de Desenvolvimento Proximal (ZDP), que representa

[...] a distância entre o nível de desenvolvimento real, que se costuma determinar através da solução independente de problemas, e o nível de desenvolvimento potencial, determinado através da solução de problemas sob a orientação de um adulto ou em colaboração com companheiros mais capazes (VYGOTSKY, 1998, p. 112).

A mediação pode, dessa forma, impulsionar o desenvolvimento para etapas que ainda não podem ser atingidas sem auxílio de alguém mais capacitado, ajudando a criança a atingir a competência em determinada atividade. Na relação entre a babá e a criança, ocorrem, por exemplo, situações em que a babá estimula a criança a falar, incentivando-a através de novas perguntas, ajudando-a a articular sons, a partir do que ela percebe que a criança já é capaz de fazer. Atuando na ZDP, a criança é posta perante desafios; tem a aprendizagem ao seu alcance, mas ainda não atingiu a competência e é, assim, motivada a operar no limite das suas capacidades, o que a impulsiona a ultrapassar o seu estágio atual de conhecimentos e compreensão das coisas (PASCAL & BERTRAM, 2000).

As dificuldades que os educadores encontram na educação de crianças, quando trabalham na zona de desenvolvimento real (aprendizagem que a criança já concretizou) ou na zona de desenvolvimento futura (aprendizagem a ser concretizada), são apontadas por Pascal e Bertram (2000). Os que trabalham na zona de desenvolvimento real apenas reforçam o que já foi aprendido pela criança, e os que trabalham na zona de desenvolvimento futura encontram dificuldades em associar novos conhecimentos à compreensão atual da criança. Os autores ressaltam que os educadores eficientes são aqueles que conseguem reconhecer quando as crianças operam na ZDP e são capazes de intervir para apoiar e ampliar os seus conhecimentos, sempre que parecer apropriado.

Mas nem sempre a criança conta com o auxílio de um outro mais experiente para estimulá-la no aprendizado de novas habilidades. Um exemplo comum refere-se àqueles casos em que babás, ou até mesmo mães, postergam a introdução de talheres, na situação de refeição, para que a própria criança os manipule, mesmo que ela já evidencie alguma habilidade para segurá-los.

Assim, o papel mediacional do adulto não se deve restringir a cuidar ou "tomar conta" da criança, expressão muito usual entre mães e babás; mas, para impulsionar o desenvolvimento, é necessário que assuma uma postura ativa, criando, com suas ações, zonas de desenvolvimento proximal. Entre as atividades que podem promover o desenvolvimento da criança, através da ZDP, está uma que Vygotsky (1998) dedicou atenção especial, pela sua significação na vida da criança, qual seja, o brincar. Nas suas palavras,

> o brinquedo cria uma Zona de Desenvolvimento Proximal da criança. No brinquedo, a criança sempre se comporta além do comportamento habitual de sua idade, além de seu comportamento diário; no brinquedo é como se ela fosse maior do que é na realidade (VYGOTSKY, 1998, p. 134).

Muitos autores (VECTORE, 2003; BRUNER, 1997; MAXIMO, RIBEIRO, VENTURELLI, 1996; LEONTIEV, 1988; DE CONTI & SPERB, 2001) também compartilham da opinião de que o ato de brincar permite, ao ser humano, condições ótimas para desenvolver habilidades mais complexas, através da exploração do ambiente, de sua intervenção na situação, da fantasia no uso dos brinquedos e da possibilidade de imitação da vida ao seu redor.

O predomínio dos objetos, enquanto foco de atenção e motivo para a ação da criança, foi abordado por Vygotsky (1998) ao ressaltar que, antes de iniciar a fase da brincadeira de faz-de-conta, uma criança ainda pequena, geralmente até os três anos, tem suas idéias e ações desencadeadas pelo poder de controle dos objetos "Os objetos ditam à criança o que ela tem que fazer: uma porta solicita que a abram e fechem, uma escada, que a subam, uma campainha, que a toquem" (VYGOTSKY, 1998, p. 126). Mas logo, como resultado do próprio processo de desenvolvimento do brincar, os objetos perdem sua força determinadora, e a criança começa a agir independente daquilo que vê.

Na fase do desenvolvimento inicial, a criança explora o ambiente, mas ainda não tem plenamente desenvolvidas as capacidades que lhe permitem representar mentalmente uma brincadeira de faz-de-conta, que requer funções superiores, como o pensamento abstrato e a memória. Ainda nesta fase, segundo Vygotsky, a criança requer que suas necessidades sejam imediatamente atendidas, pois, em geral, o que lhe é adiado pelo adulto ou até por outra criança, para uma realização futura, não é aceito, e seu descontentamento é, muitas vezes, manifestado através do choro. Isto faz com que os adultos utilizem estratégias para distrair a criança, como a de deslocar seu foco de atenção para outro objeto, a que possa ter acesso imediato.

Tunes e Tunes (2001) observam que é exatamente neste ponto do desenvolvimento, em que a criança pequena começa a não ter as suas vontades atendidas imediatamente, que se inicia o engajamento na brincadeira de faz-de-conta. Afirmação semelhante é feita por Maximo, Ribeiro e Venturelli (1996): a criança cria uma situação imaginária para atingir, prontamente, o que, na realidade concreta, lhe é negado, ou não consegue atingir, ampliando gradualmente sua capacidade de imaginação, de representar mentalmente situações e objetos.

Ao colocar a importância do brincar para o desenvolvimento das funções mentais superiores, Vygotsky (1998, p. 128) enfatiza seu papel na transição do processo de separação entre o significado e o objeto real:

> O brinquedo fornece um estágio de transição nessa direção sempre que um brinquedo (um cabo de vassoura, por exemplo) torna-se um pivô dessa separação (no caso, a separação entre o significado "cavalo" de um cavalo real). A criança não consegue, ainda, separar o pensamento do objeto real. A debilidade da criança está no fato de que, para imaginar um cavalo, ela precisa definir a sua ação usando um cavalo de pau como pivô.

Entretanto, quando, na brincadeira, o pensamento se separa dos objetos, ocorre uma transformação importante no desenvolvimento, ou seja, a ação da criança não é mais regida pelos objetos, e sim por suas próprias idéias, e o significado, em um processo gradativo, passa a preponderar sobre o objeto (VYGOTSKY, 1998).

Embora o significado e o sentido estejam sempre ligados de certa maneira, isto pode não ocorrer nas ações do brinquedo. Um objeto conserva o significado para a criança, mas adquire, para ela, ao mesmo tempo, um sentido muito especial na ação, um sentido que pode ser tão estranho ao seu significado quanto a ação lúdica da criança pode sê-lo para as condições objetivas nas quais ela ocorre; por exemplo, uma vara mantém o seu significado, mas, para a criança, poderá ter também o sentido lúdico de um cavalo (LEONTIEV, 1988).

O brincar também ganha novos sentidos para a criança, a depender da companhia, do espaço e do objeto que dê suporte à brincadeira; portanto, a função mediadora do adulto pode exercer um papel importante nas situações de brincadeira, já que, a partir dos brinquedos existentes, o adulto, muitas vezes, transforma e cria, junto com a criança, variadas formas de brincar (JORGE & VASCONCELLOS, 2000).

O brinquedo deve ser concebido apenas como o instrumento que fornece um suporte à brincadeira, a matéria da qual a criança faz uso para brincar e, uma vez que só é possível brincar com o que se tem, com o que a cultura lhe dispõe, a criança está sujeita aos limites da realidade social, e cabe a ela usar da criatividade para ultrapassar os limites particulares do ambiente (SALUM E MORAES & CARVALHO, 1987).

Também se coloca, aqui, a posição de Vygotsky sobre as possibilidades de a criança utilizar o brinquedo com outras funções, diferentes das do objeto real, através da imaginação e do desenvolvimento do pensamento ante as ações com os objetos.

O brinquedo, enquanto objeto, também altera a forma da ação mediada, proporcionando tipos de interação diferentes (pular corda, brincar de boneca etc.). Ainda assim, o essencial não é o objeto em si, mas aquilo que ele oferece de possibilidades para o desenvolvimento.

Na fase pré-escolar, a motivação da criança para a brincadeira encontra-se, de acordo com Leontiev (1988), no próprio processo de brincar, como mostra sua afirmação de que "No brinquedo, a ação, todavia, não persegue um objetivo, pois sua motivação está na própria ação e não em seu resultado" (LEONTIEV, 1988, p. 127). Evidencia-se aí o entendimento de que a ação da criança com o brinquedo não provém de uma situação imaginária, mas, ao contrário, são as condições da ação que tornam necessária a imaginação e dão origem a ela, na fase pré-escolar. Esta concepção, que coloca a origem da imaginação na própria atividade da criança com o brinquedo, encontra consonância na elaboração, feita por Vygotsky, sobre a relação entre as ações da criança com os brinquedos e o desenvolvimento do pensamento.

Cabe apontar que, em muitos estudos sobre o brincar, o termo brinquedo é utilizado com a conotação da atividade de brincar, e não se refere somente ao objeto brinquedo. Entretanto, no presente capítulo, o termo brinquedo se atém aos objetos que a criança utiliza na atividade do brincar, enquanto esta (a ação de brincar) é designada pelo termo brincadeira, que pode ocorrer com ou sem o uso do brinquedo.

O brinquedo, enquanto objeto, pode ser considerado um instrumento mediador, mas a brincadeira possui o componente da mediação pelo signo, não só quando o adulto ou outra criança interage através da linguagem, mas também em brincadeiras que, porventura, não façam uso de qualquer brinquedo enquanto objeto de mediação, por exemplo, nas brincadeiras em que o brinquedo é o próprio signo.

Não se deve esquecer que, muitas vezes, o próprio adulto, ou uma outra criança, que participa da brincadeira, transforma-se no próprio brinquedo (NOGUEIRA, 1996), como na brincadeira em que o adulto brinca de cavalinho com a criança, carregando-a nas costas. Neste caso, o adulto assume a função de instrumento mediador, ao mesmo tempo que faz a mediação pela linguagem.

Vários outros autores se posicionam a favor da brincadeira enquanto atividade livre do direcionamento dos adultos, algumas vezes de maneira contundente, como é o caso de Nogueira (1996). Para ele, o adulto não deve impedir ou dificultar a execução da brincadeira, pois isto, além de uma violência, seria ferir um dos direitos fundamentais da criança, o que não se justifica por quaisquer que sejam as razões, podendo, inclusive, prejudicar seu desenvolvimento. Ainda ressalta que, mesmo que no brincar a criança aprenda muito, a finalidade da brincadeira não é a aprendizagem; o aprender através do brincar é apenas circunstancial.

Assumindo uma posição de crítica à brincadeira com enquadre utilitarista, com foco em habilidades acadêmicas, Lordelo e Carvalho (2003) afirmam que a sociedade atual está muito preocupada com a *performance* do indivíduo, o que faz com que mães e professores orientem suas ações com as crianças para atingir metas futuras, como se vê na importância dada ao uso dos brinquedos considerados educativos, que, supostamente, proporcionam a aquisição de habilidades que serão cobradas da criança no futuro.

# 5. Estudos sobre a mediação na interação com crianças

Na pesquisa da literatura acerca dos trabalhos sobre mediação de adultos com crianças, foram encontrados vários trabalhos envolvendo o ambiente escolar, cujo foco é a mediação do educador com o aluno, poucos trabalhos envolvendo o estudo da mediação de pais com filhos e nenhum sobre a mediação de babás com crianças. A título de organização, estes trabalhos podem ser classificados em três grandes grupos, de acordo com seu foco principal: 1) os estudos sobre a melhoria da aprendizagem através da mediação; 2) os que analisam as práticas de mediação pedagógica ou didática, por meio do uso da linguagem verbal e não-verbal e 3) aqueles que focalizam as práticas de mediação com a utilização de instrumentos culturais, tais como brinquedos, computador, internet e arranjos ambientais diversificados.

Deve-se observar que, no primeiro grupo, podem estar presentes os elementos dos dois outros grupos, ou seja, o uso da linguagem e de instrumentos pelos adultos na mediação com as crianças, mas a sua especificidade está no foco sobre a análise da mediação dos educadores em programas e projetos, com o objetivo de melhorar a qualidade da educação.

Apesar da grande diversidade conceitual e metodológica, foi possível extrair, desses trabalhos, algumas considerações relevantes que dizem respeito à mediação. Eles mostram a importância da participação do adulto nas atividades com a criança, a qual pode levar a um aumento ou potencialização da capacidade simbólica da criança, quer seja fazendo uso da linguagem, nas práticas discursivas, quer seja através de instrumentos como brinquedo, computador e televisão.

Quando o adulto consegue atuar em situações que façam emergir a zona de desenvolvimento proximal, é possível a promoção da construção de novos significados e sentidos, tanto para as crianças quanto para os adultos envolvidos. Depreende-se, então, que um critério para aferir a qualidade de mediação do adulto, nos estudos de abordagem histórico-cultural, é a sua capacidade de atuar na zona de desenvolvimento proximal da criança.

O surgimento de conteúdo simbólico na criança pode ser entendido, portanto, ao menos parcialmente, como resultante dessa atuação e serviria, também, como critério de avaliação da mediação.

Feurstein desenvolveu um instrumento denominado MAPA para avaliar o potencial de aprendizagem do indivíduo, tendo como base o conceito de zona de desenvolvimento proximal de Vygotsky (FEURSTEIN; KLEIN; TANNENBAUM, 1999). Instrumentos como este podem servir para aferir a qualidade de mediação no ambiente escolar; entretanto, são necessárias novas pesquisas para averiguar a forma de avaliação da mediação em outras situações, tais como as que ocorrem no ambiente doméstico.

É preciso, ainda, aprofundar as pesquisas e o debate quanto ao que seja a trilogia: qualidade de mediação, participação do adulto e emergência de simbolização na criança, como fruto desta participação, para obter maior clareza sobre os fatores presentes no envolvimento do adulto ao compartilhar as atividades com a criança e que são indicativos da qualidade da mediação.

Finalmente, destaca-se a complexidade envolvida nos estudos sobre a qualidade da mediação, quando se considera maior número de elementos, como, por exemplo, a variabilidade do contexto de desenvolvimento da criança, para entender a repercussão da mediação do adulto, tanto de forma a impulsionar como a dificultar o desenvolvimento da criança.

## 6. A pesquisa com as babás no ambiente doméstico

Como parte do programa de mestrado em psicologia, Fanti (2006) realizou uma pesquisa com 14 babás para verificar os estilos mediacionais destas com crianças em ambiente doméstico, e as relações desses estilos com seu histórico pessoal e profissional, com as características da criança sob seus cuidados e com a cultura da família contratante. Foi focalizada a interação com crianças de 1 ano e 6 meses a 3 anos, em duas práticas socioculturais de cuidado: refeição de almoço e brincadeira livre.

O conceito de práticas socioculturais utilizado refere-se ao adotado por Seidl de Moura e Ribas (2000, p. 248): "Quando os modelos culturais são mediadores de atividades compartilhadas consensualmente e repetidas sistematicamente em situações semelhantes por membros de um determinado grupo social, estas atividades constituem *práticas socioculturais"*.

São exemplos de práticas socioculturais, no cuidado de crianças, atividades como: banho, alimentação e brincadeira, já que existem expectativas sociais quanto à maneira de condução das ações que as especificam costumeiramente. Entretanto, algumas dessas práticas apresentam maior grau de estruturação que outras, seguindo um *script* de forma mais rígida, como é o caso da refeição, quando comparada à atividade de brincadeira. O conceito de *script*, utilizado por Seidl de Moura e Ribas (2000, p. 10), envolve o

> [...] conjunto de atividades que servem para especificar aos participantes de um evento os papéis sociais que desempenham, os objetos que são usados e as seqüências de ações exigidas (por exemplo, a maneira de dar banho em um bebê recém-nascido).

A escolha das atividades de refeição e de brincadeira para observação das relações babá/criança obedeceu ao critério de diferentes graus de estruturação. O *script* da situação de refeição já é conhecido pela babá e envolve papéis, objetos e seqüências de ação predeterminados, tais como: quem fornece o alimento, local para realizar a refeição, pratos e talheres específicos para a criança etc. Ainda que estes componentes possam ser alterados, pressupõe-se a existência de circunscritores conhecidos, tanto pela babá quanto pela criança, para o desenrolar da refeição de acordo com os hábitos da família.

A outra situação, com grau menor de estruturação (brincadeira), foi selecionada para avaliar a mediação da babá dentro de uma prática que possibilita maior liberdade de ação.

O brincar, por si só, envolve criatividade, possibilidades de criar situações imaginárias com os brinquedos, uso do espaço físico com menos regras e *scripts* do que na situação anterior, ainda que existam regras familiares que podem colocar limites às ações da babá, tais como não permitir a brincadeira na sala de visitas ou restringi-la somente no parquinho do prédio; ou, até mesmo, limites colocados pelo espaço físico e pela disponibilidade dos objetos.

Tanto o responsável legal pela criança quanto as babás foram informados sobre os objetivos e procedimentos da pesquisa e assinaram um termo de consentimento para participação na pesquisa. Os dados foram coletados através de filmagem da interação babá/criança, nas duas atividades selecionadas (refeição e brincadeira), e de uma entrevista com as babás, com questões que procuraram captar sua visão sobre a profissão de babá, sobre concepções e ações referentes à alimentação e à brincadeira para crianças de 1 ano e 6 meses a 3 anos (faixa etária das crianças sob seus cuidados) e sobre as orientações da família da criança para a realização dessas atividades. As filmagens foram feitas nos locais e horários em que as atividades de refeição e de brincadeira ocorrem cotidianamente, e as entrevistas aconteceram no local de trabalho da babá, em horário que não interferisse na rotina de cuidados com a criança. Os registros do *diário de campo* foram utilizados, na análise dos dados, como complementares aos dados da filmagem e da entrevista.

A análise dos dados permitiu identificar quatro estilos de mediação nas relações babá/criança: 1) Participativa; 2) Participativa-Diretiva; 3) Diretiva e 4) Autoritária.

A mediação *participativa* caracterizou-se por comportamentos verbais e gestuais das babás no sentido de facilitar a atividade da criança, durante ambas as atividades – brincadeira e refeição. Este tipo de mediação fornecia, assim, um estímulo à ação da criança, além de permitir que ela decidisse o que fazer nas atividades, tomando a frente dos direcionamentos e imprimindo seu próprio ritmo. Foi verificada a preocupação com a disponibilização e organização dos objetos presentes no espaço físico, de forma a adequá-los para que a criança pudesse ter maior liberdade de ação e maior segurança para não se machucar. Nas verbalizações das babás, houve tanto a participação de significados como o ensino de conteúdos, além do estímulo à participação da criança, através de elogios e do próprio envolvimento das babás na atividade, por exemplo, cantando uma música. Houve incentivo à autonomia das crianças, especialmente na situação de refeição.

A mediação *participativa-diretiva* apresentou, como característica, uma mescla de comportamentos da babá que envolveu tanto sua participação quanto a colocação de direcionamentos na atividade. Todas as babás que realizaram este tipo de mediação inicialmente direcionaram a atividade, por exemplo, escolhendo a brincadeira ou dando o alimento para a criança; mas, durante o desenrolar da atividade, permitiram que a criança tomasse a frente e também participaram, conversando e brincando com a criança. Demonstraram preocupação em identificar e respeitar a vontade da criança durante as atividades e, embora direcionassem a atividade para estimular a participação, também auxiliavam a criança sempre que havia alguma necessidade, por exemplo, vestindo a roupa em uma boneca quando a criança não estava conseguindo fazê-lo. Quando formulavam perguntas à criança, as babás aguardavam a resposta e, em algumas ocasiões, contribuíam para envolvê-la ainda mais na brincadeira.

Na mediação *diretiva*, as babás controlaram o manuseio dos objetos, de forma a controlar também as ações da criança. Na maior parte do tempo, manipularam os talheres para fornecer o alimento à criança e escolheram a brincadeira e os brinquedos a serem utilizados. Fizeram uso de muitas estratégias, na tentativa de estimular as crianças a se alimentarem, empregando objetos como televisão e brinquedo e, também, muitos elogios, chantagens e, algumas vezes, ameaças, quando a criança se recusava a comer. Foi observada a ênfase na restrição dos comportamentos da criança; por exemplo, tentaram limitar a sua ação em relação a algum brinquedo específico ou dificultaram que ela explorasse o ambiente, colocando muitos brinquedos em um espaço físico pequeno. As babás dirigiram as ações da criança através de solicitações e, até mesmo, direcionando a mão dela; entretanto, houve pouco envolvimento nas brincadeiras, no sentido de se deixarem levar pela fantasia da criança.

O quarto tipo de mediação, denominada *autoritária*, teve, como diferencial, a forma como as babás conduziram as atividades: além de não permitirem que a criança agisse de forma autônoma, desconsideraram a vontade dela para agir, prevalecendo sempre a determinação da babá. Observou-se que as babás tentaram imprimir um ritmo intenso e acelerado às atividades, demonstrando, muitas vezes, impaciência com a criança, por exemplo, completando suas frases, realizando várias brincadeiras em um curto espaço de tempo e tentando acelerar o ritmo dela através de comandos verbais. Houve direcionamento e restrição das ações da criança, mesmo quando ela demonstrou não concordar com as ações das babás, tanto na escolha dos brinquedos e brincadeiras como no controle dos talheres. Verificou-se o uso de verbalizações em tom de voz autoritário e repreensões aos comportamentos da criança, além de ignorarem os pedidos desta sobre alguma brincadeira, um brinquedo ou, na refeição, a solicitação de água. A quantidade de críticas e repreensões foi muito superior aos elogios que as babás dirigiram à criança, os quais, em geral, foram quase inexistentes. Também neste tipo de mediação não foi percebida uma preocupação genuína das babás com a aprendizagem da criança e, ainda que tenham realizado diversas perguntas cujo foco estava claramente em ensinar algo à criança, como cores e formas, fizeram isto de forma mecanizada e sem demonstrar interesse pelas respostas.

Na categorização da ação mediadora das babás, em cada atividade, foi considerado o estilo predominante de mediação, embora as babás pudessem ter utilizado, ocasionalmente, outros estilos.

Os resultados mostraram que, tomadas as duas atividades (refeição e brincadeira) em conjunto, não houve predominância clara de um dos estilos de mediação, apesar de a mediação autoritária ter predominado em maior número de sessões de observação, quando comparada aos outros estilos mediacionais. Tomadas separadamente, considerando-se suas características diferenciadas, observou-se que também a mediação autoritária foi mantida, nas duas situações, por um maior número de babás, mas, novamente, as diferenças não foram significativas.

Os resultados referentes aos estilos mediacionais verificados foram relacionados com: a) os dados referentes às babás (histórico de cuidado com crianças, idade, escolaridade e tempo de cuidado com a criança pesquisada, valores culturais e percepções sobre as orientações da família contratante); b) os dados referentes às crianças (comportamento, idade e gênero); e c) os valores culturais da família contratante (orientações fornecidas pela família sobre as práticas observadas).

Identificou-se uma relação interessante entre os estilos de mediação e o tipo de capacitação e de experiência profissional das babás. As babás que realizaram curso de capacitação para atuar na profissão, bem como as que possuíam experiência de trabalho em creche, foram as que realizaram, predominantemente, as mediações diretiva e autoritária. Estes dados parecem apontar para o fato de que o conhecimento formal adquirido em instituições e em cursos, ao estabelecer padrões sobre práticas de cuidado de crianças, pode gerar uma prática mais *formatada* e que se aproxime mais das mediações autoritária e diretiva.

Não se percebeu relação entre a idade das babás e o seu estilo mediacional; entretanto, quanto à escolaridade das babás, as três que possuíam menor escolaridade (1º grau) realizaram, em ambas as atividades, a mediação participativa-diretiva ou a participativa. Estas babás também apresentaram coerência na forma de mediar, já que mantiveram o mesmo tipo de mediação durante as duas atividades.

A respeito do nível de escolaridade e da formação profissional de cuidadores de crianças, vários autores consideram que, embora a formação inicial tenha um papel importante na ação, também é muito importante a constante reflexão sobre os valores, crenças e práticas, em um processo de formação contínua (ANDRADE, 1994; VASCONCELLOS, 2001; OLIVEIRA LAGOS, 2001; VECTORE, 2003), possibilitando, ao profissional, que tenha consciência do que faz, para que e por que age de determinada maneira (OLIVEIRA E SILVA, 2001).

Quando considerado o tempo de trabalho das babás com crianças, o maior tempo (18 meses) ocorreu na mediação participativa-diretiva e em ambas as atividades, sugerindo que este tipo de mediação ocorre mais freqüentemente quando o cuidador está há mais tempo convivendo com a criança. Contribui, para tal suposição, o dado que evidencia a relação entre o estilo de mediação autoritária e uma menor média de tempo de trabalho com a criança (sete meses).

No que concerne aos dados sobre as crianças, o estilo de mediação autoritária ocorreu com crianças de idade superior, tanto na atividade de brincadeira quanto na de refeição (33, 25 meses), em que, supostamente, teriam mais habilidade para manusear os talheres e se alimentar sem auxílio.

Neste tipo de mediação, foram notados comportamentos reivindicativos das crianças, demonstrando que queriam comer sem o auxílio da babá e também brincar de determinada brincadeira, como foi o caso de uma criança que solicitou à babá que contasse a história do lobo, mas ela realizou diversas outras brincadeiras e não atendeu ao pedido da criança.

Ainda quanto à idade das crianças, foi interessante notar que as babás que realizaram a mediação participativa-diretiva na atividade de refeição interagiram, em média, com crianças de menor idade do grupo (21, 33 meses), o que não as impediu de incentivar o manuseio dos talheres e de permitir às crianças tentarem comer sem auxílio. Já os comportamentos das crianças, como sonolência, por exemplo, pareceram fatores importantes para o tipo de mediação que a babá estabeleceu, ao fazer uso de diversas estratégias para tentar chamar a atenção da criança para a alimentação, quer seja conversando com ela, quer fazendo uso de brincadeiras com o talher, como no caso abaixo:

Criança (C): Desce... desce... (Quer descer da cadeirinha.)
Babá (B): Ah... carninha... quer que faz aviãozinho, quer? (Faz aviãozinho com a colher.)
C: (Come.)
B: De novo, aviãozinho de novo? (Faz aviãozinho com a colher.)
C: (Não come, e então B limpa a mão da criança com um guardanapo.)
C: (Não aceita mais comer e mostra a mão suja para B.)

Já na atividade de brincadeira, ocorreu a predominância da mediação diretiva com as crianças de menor idade e, novamente, alguns comportamentos delas podem também ter contribuído para o maior direcionamento das babás neste estilo de mediação: desinteresse pelos brinquedos e pelas brincadeiras propostas pelas babás.

As crianças que interagiram nas mediações participativa e participativa-diretiva, ao contrário das demais, estavam envolvidas com a brincadeira, o que sugere que, para elas, as babás não precisariam fazer uso da mediação autoritária ou diretiva; e as crianças, provavelmente mais respeitadas em seus interesses, não precisariam reivindicar ou contrariar as propostas das babás.

Estes achados remetem ao que a literatura (PICCININI et al., 2001) sobre a interação adulto/criança tem pontuado: a reciprocidade e a bidirecionalidade implicadas nas interações em que tanto a criança quanto o adulto influencia-se mutuamente através de seus comportamentos. Nem a criança é tida mais como um ser passivo às vontades do outro nem o adulto é tido como o ator principal no relacionamento com a criança; ambos têm sua parcela de contribuição para que se configure determinado tipo de mediação. Ribas e Seidl de Moura (1999) ressaltam a ênfase na reciprocidade da interação, fazendo uso de uma colocação de Bruner, sobre o fato de que os estudos revelaram a importância da interação humana de mão dupla.

Sobre o tipo de orientação fornecida pela família contratante às babás, quanto às atividades observadas, poucas babás (três) receberam orientação para as duas atividades. Em relação à atividade de refeição, as babás que realizaram a mediação autoritária foram as que menos receberam orientação, embora as mães tenham fornecido, prioritariamente, informações sobre a refeição da criança: dez das babás foram orientadas acerca da refeição e apenas três receberam orientações sobre a brincadeira. Subentende-se que as mães atribuem maior importância à atividade de refeição em comparação à de brincadeira, parecendo ter assumido maior valorização social pelo conhecimento de suas relações com a saúde e com o desenvolvimento da criança.

As poucas mães que orientaram as crianças quanto à brincadeira o fizeram de modo bem geral, sem referência à brincadeira em si, como exemplificado na fala de uma das babás: "[...] contanto que eu distraísse a criança e ficasse brincando, não deixasse só lá num canto, porque só dar brinquedo e deixar lá não dá, né? Você tem que se entrosar com a criança, coisa desse tipo, né?".

Veríssimo e Fonseca (2003) contribuem com esta discussão ao comentarem a dificuldade de se aliar teoria e prática na formação dos educadores, o que, segundo as autoras, leva a reproduzir, no cuidado com as crianças, aquilo que aprenderam na infância. Transpondo para o trabalho da babá, poder-se-ia dizer que também estas, na falta de orientação sobre o cuidado com a criança, tenderiam a reproduzir o que aprenderam nas suas experiências de vida, desde a infância, e também no curso de capacitação.

A respeito das percepções das babás sobre as orientações que recebiam da família contratante, a maioria (nove) relatou que considerava boa a alimentação da criança, e dentre estas quatro disseram que mudariam algo na alimentação, como foi o caso de uma babá, que considerou a alimentação boa em um dia e ruim no outro; disse que tiraria a mamadeira de suco que acompanha a comida, "porque enche a barriga de líquido", e que não daria comida industrializada, pois não sabe como é feita. Mas o que esta babá colocou, quanto ao seu posicionamento diante das orientações que recebe da mãe, é que faz o que a mãe quer, "pois é o [seu] trabalho...".

Além das babás que se mostraram insatisfeitas com o tipo de alimentação da criança, outras verbalizaram que discordam das orientações que recebem da mãe. As discordâncias relatadas não se referem apenas ao tipo de alimentação dada à criança, pois, ao longo do discurso delas, foram verificadas também dificuldades em outras práticas de cuidado, tais como: rotina para dormir, transição de alimentos líquidos para outros tipos de alimentos, retirada de fraldas e dificuldades disciplinares.

Em geral, a postura adotada pelas babás, quanto às orientações de que discordavam, era a de seguir as orientações da mãe nas práticas de cuidado com a criança. Entre as babás, somente duas relataram ter realizado mudanças na rotina da criança, após conversarem com as mães.

O que se depreende dos resultados é que, sendo a mãe quem, na maior parte das vezes, assume o papel social de responsável pela definição de rotinas de cuidado da criança, a babá mantém-se no papel que tradicionalmente ocupa dentro do ambiente familiar, qual seja, o de empregada que obedece à empregadora.

Nota-se, pelos resultados, a questão da flexibilidade e da necessidade de adequação da mediação do cuidador em relação ao tipo de atividade envolvida. Dentro dos padrões mediacionais encontrados, observou-se a presença de alguns elementos, apontados por Klein e Hundeide (1989) como básicos para uma mediação de qualidade com crianças de qualquer idade, tais como *focalização* (tentativa do adulto de mudar a atenção da criança para algo e a reciprocidade desta ao comportamento do adulto); *afetividade* (fornecimento de significados de mundo à criança) e *recompensa* (expressões de satisfação do adulto aos comportamentos da criança). Entretanto, não foram claramente identificados, nos dados, dois outros elementos colocados por Klein e Hundeide (1989): *expansão* (o adulto amplia o conhecimento da criança, através de explicações) e *regulação do comportamento* (o adulto ajuda a criança a planejar as ações antes de agir, para atingir um objetivo). Pode-se pensar que o fato de estes elementos não terem sido observados pode estar relacionado com aspectos culturais, incluindo a questão do nível de qualificação exigido para a profissão de babá, ou com a própria concepção acerca das funções da babá.

Completando a análise dos dados, julgou-se importante tecer considerações a respeito dos aspectos qualitativos dos estilos mediacionais identificados.

Na mediação autoritária, tanto na situação de alimentação quanto na de brincadeira, as babás desconsideraram a vontade da criança, apresentaram tom de voz autoritário e repreenderam a criança em várias situações. Além disso, manifestaram a concepção de brincadeira relacionada à aprendizagem, sugerindo que o histórico profissional destas babás pode ter contribuído para a ressignificação de seus valores sobre o brincar.

Refletindo acerca das possíveis interferências deste tipo de mediação no desenvolvimento da criança, pode-se pensar na sua pouca contribuição para impulsionar o desenvolvimento, já que as babás apresentaram ações que incentivavam a dependência da criança; por exemplo, na atividade de alimentação, impediram as crianças de tentar comer sem auxílio.

Na mediação diretiva, durante a brincadeira, além de as babás terem direcionado as ações das crianças, também realizaram intervenções no ambiente físico que pouco auxiliaram a criança, tais como preencher o espaço com muitos brinquedos. Nesse sentido, deve-se considerar que alguns autores como Jorge e Vasconcellos (2000), Nogueira (1996) e Lordelo e Carvalho (2003) apontam para a importância de o brincar ser realizado de forma mais livre, para que a criança se beneficie dos brinquedos e das brincadeiras; portanto, as mediações participativa-diretiva e participativa talvez possam ser consideradas formas mais propiciadoras do desenvolvimento da criança, principalmente pelo envolvimento e participação das babás nas brincadeiras e pelo incentivo às crianças para a autonomia na atividade de alimentação, permitindo que manuseassem os alimentos e os talheres sem auxílio, e, quando necessário, ajudando a criança e, também, orientando-a na atividade.

Na atividade de brincadeira, as babás que fizeram a mediação participativa-diretiva estimularam as crianças à ação de brincar. Mesmo iniciando as brincadeiras, quando a criança começava a se envolver, deixavam que ela direcionasse o uso dos brinquedos e o tipo de brincadeira, dando, assim, liberdade para que criassem suas próprias brincadeiras. Estas babás foram perspicazes ao fazer uso dos objetos enquanto instrumentos de estímulo às ações da criança, tal como postulado por Vygotsky (1998).

As babás, na mediação participativa, simplesmente se envolviam nas brincadeiras com a criança e deixavam-se levar pela fantasia do lúdico, pelo tipo de brincadeira realizado. Por estes dados, entende-se que as babás que promoveram as mediações participativa e participativa-diretiva estariam mais bem capacitadas para atuar na zona de desenvolvimento proximal da criança, de forma a proporcionar maior impulso ao desenvolvimento, em concordância com o que as pesquisas sobre mediação reportam quanto aos benefícios da participação do adulto nas atividades com a criança.

No discurso das babás, durante a entrevista, e no seu modo de agir, durante as práticas com as crianças, buscou-se identificar a presença de significados, valores e crenças que pudessem refletir aspectos de sua cultura. A este respeito, os dados sugerem que a brincadeira não é considerada uma atividade que requeira tanta supervisão quanto a alimentação, visto que poucas foram as babás (três) que afirmaram ter recebido orientações das mães sobre tal atividade (brincar); e, coerentemente com isso, poucas foram as babás (três) que, no seu discurso, referiram-se à importância da participação do adulto nas brincadeiras. Ademais, os dados revelam que as concepções das babás sobre a participação do adulto são muito diferentes em cada tipo de mediação.

Em concordância com o discurso das babás, observou-se que praticamente todas elas fizeram uso de práticas para distrair e estimular a criança na alimentação, mas algumas práticas podem ser consideradas mais usuais, já incorporadas ao cotidiano das babás, como o uso da chantagem emocional. É interessante notar o fato de que as babás apresentaram, na atividade de alimentação, um número maior de estratégias para incentivar e estimular a criança a comer, o que aponta, mais uma vez, para a diferença de tratamento que é dada a ambas as atividades. Enquanto a brincadeira é tida como importante pelo aspecto da aprendizagem, a valor da alimentação está em sua relação com a saúde da criança. Os dados demonstram que estas diferentes concepções se relacionam com os diversos tipos de mediação, ainda que esta relação esteja longe de ser compreendida como linear em face dos inúmeros fatores que compõem o contexto de trabalho da babá.

Observou-se, no discurso das babás, a presença de valores estereotipados quanto a gênero e tipo de brinquedo com o qual a criança deve brincar, sendo que a grande maioria delas considerou que os brinquedos dados à criança devem seguir os padrões que a sociedade estabelece, como a tradicional prescrição de que "menina brinca de boneca".

Isso reflete o quanto alguns valores que fazem parte da cultura da sociedade estão presentes na cultura do indivíduo, e também o quanto os indivíduos reproduzem estes valores, embora a reconstrução, no nível individual, a partir de sua experiência, possa sempre incluir inovações.

Notou-se, no discurso das babás, que elas percebem a profissão como desvalorizada socialmente e que a atuação delas não inclui o trabalho de educar a criança, o qual cabe prioritariamente à mãe. Estas concepções remetem à dicotomia, já clássica na literatura, entre cuidar e educar, e apontam para a necessidade de sua reformulação pela sociedade e, em especial, pelos cuidadores de crianças, tanto os que atuam em instituições como em ambiente doméstico, de forma a admitir a impossibilidade de desvincular cuidado de educação.

Foram encontrados alguns indícios de que as babás que gostam pouco de crianças apresentam certa dificuldade em realizar mediações que auxiliem as crianças em suas ações; isso foi verificado na qualidade de mediação de uma babá que afirmou não ser "apaixonada por crianças". Esta babá teve ausência total de participação na atividade de brincadeira e apresentou o estilo autoritário de mediação na atividade de refeição. Tal episódio traz à tona o quanto gostar de crianças pode representar um requisito significativo para que se estabeleçam mediações impulsionadoras de desenvolvimento por parte do adulto.

O estudo trouxe, ainda, a possibilidade de se analisar a influência de diversos fatores no ambiente doméstico sobre o tipo de mediação feito pela babá. Em algumas situações, foi possível observar a aceitação, pela babá, da orientação materna, mesmo que a orientação estivesse em desacordo com padrões sociais amplamente estabelecidos, como no caso da babá que segue uma rotina alimentar atípica para a criança, fornecendo, no almoço, uma mamadeira composta de leite batido com frango e óleo, embora a criança já estivesse com um ano e nove meses de idade. Tal aceitação é evidenciada no trecho dos registros observacionais, reproduzido a seguir:

[...] a babá, assim como a mãe, também dá tudo na mão da criança, mamadeira, brinquedo etc., e, inclusive, reforça o comportamento da criança, batendo palmas e dando os parabéns porque tomou toda a mamadeira [...] a babá me disse que não desce com a criança para brincar no parquinho do prédio, não brinca com outras crianças, fica só com ela no apartamento, que é pequeno [...] a criança apresentava comportamentos próprios de bebê: não falava nada, só resmungava e choramingava muito.

Além disso, há o relato da babá na entrevista: "[...] acho que para ele está certo tomar mamadeira, porque ele é diferente das outras crianças, então está certo [...] ele está acostumado a que dêem tudo na mão [...]".

Vê-se que a babá se adequou a uma rotina de cuidados da criança que está fundamentada nos valores e práticas da família, em especial da mãe da criança. Sua forma de interagir com a criança parece contribuir para manter essa prática alimentar atípica.

Algumas vezes foi possível perceber que as aparentes contradições entre discurso e prática das babás poderiam ser compreendidas pela prevalência dos valores culturais da família, prioritariamente na atividade de alimentação, visto que, nesta, as mães fornecem mais orientações, indicando-lhe inclusive maior atribuição do que à atividade de brincadeira.

Em outros momentos, através da ação da babá na atividade de alimentação, percebeu-se a possibilidade de ela ter-se apropriado de práticas que diferem cultural e economicamente das suas, ao conhecer informações novas e ressignificá-las, tornando suas as práticas de cuidado que são da família contratante.

Em relação à situação de alimentação, foi verificada a presença da polifonia de vozes. Através das falas das babás, nota-se a presença de um outro, quer seja a mãe ou qualquer membro da família; isso pode ter dificultado o discernimento entre o que, dentro da fala da babá, estaria relacionado a sua cultura e o que estaria relacionado à cultura da família contratante. Porém, pode-se supor que as babás apropriaram-se de valores da cultura da família e/ou apenas reproduziram orientações recebidas desta.

Na atividade de brincadeira, não foi possível observar a presença dos valores culturais da família nas ações das babás, ao menos não com a mesma clareza evidenciada na atividade de alimentação, o que pode estar relacionado à maior importância que as mães das crianças atribuem a esta última atividade. Sendo assim, as práticas das babás, na atividade de brincadeira, parecem ter-se baseado mais em seus próprios valores culturais. Estes resultados sugerem que, em práticas de cuidado mais estruturadas socioculturalmente, como foi caracterizada a atividade de alimentação, pode haver maior ingerência de valores das mães através das orientações fornecidas aos cuidadores.

Finalmente, deve-se ressaltar que, para compreender os estilos mediacionais utilizados pelas babás na interação com a criança, faz-se necessário levar em consideração a multiplicidade de fatores envolvidos na complexa rede de relações que abrange os significados culturais da babá e da família contratante, as especificidades da criança, a história pessoal e profissional da babá e o cotidiano doméstico em que se processam estas relações. Tais fatores assumiram relevos diferentes em diversas situações, como observado na presença da polifonia no discurso das babás e na importância que, em alguns momentos, os comportamentos das crianças e as crenças das babás e das mães assumiram na configuração do estilo mediacional predominante nas práticas observadas.

# Referências

AMORIM, Kátia de Souza. *Concretização de discursos e práticas histórico-sociais, em situações de freqüência de bebês em creche.* 179 f. Tese de Doutorado em Saúde Mental, Faculdade de Medicina da USP, Ribeirão Preto, 2002.

ANDRADE, Cyrce M. R. J. Vamos dar a meia-volta, volta e meia vamos dar: o brincar na creche. In: ANDRADE, Z. M. et al. (orgs.). *Educação infantil*: muitos olhares. São Paulo, Cortez, 1994. pp. 107-130.

BADINTER, Elizabeth. *Um amor conquistado*: o mito do amor materno. Tradução Waltensir Dutra. Rio de Janeiro, Nova Fronteira, 1985.

BAKHTIN, Mikhail. Marxismo e filosofia da linguagem: problemas fundamentais do método sociológico na ciência da linguagem. São Paulo, Hucitec, 1998.

BONETTI, Nilva. *A especificidade da docência na educação infantil no âmbito de documentos oficiais após a LDB 1994/1996*. 2004. 196 f. Dissertação de Mestrado em Educação, Universidade Federal de Santa Catarina, Florianópolis, 2004.

BRUNER, Jerome. *Atos de significação*. Tradução Sandra Costa. Porto Alegre, Artes Médicas, 1997.

CARVALHO, Ana Maria Almeida; PEDROSA, Maria Isabel. Cultura no grupo de brinquedo. *Estudos de Psicologia*, v. 7, n. 1, pp. 181-188, 2002.

CHAVES, Antonio Marcos. O fenômeno psicológico como objeto de estudo transdisciplinar. *Psicologia: Reflexão e Crítica*, Porto Alegre, v. 13, n. 1, pp. 159-165, 2000.

DE CONTI, Luciane; SPERB, Tania Mara. O brinquedo de pré-escolares: um espaço de ressignificação cultural. *Psicologia: Teoria e Pesquisa*, Universidade de Brasília, v. 17, n. 1, pp. 59-67, 2001.

DIEESE. *Estudos e pesquisas*, ano I, n. 6, 2006. Disponível em <http//: www.diesse.org.br>. Acesso em: 2 jun. 2006.

_____. *Pesquisa mensal de emprego*, set. 2006. Disponível em: <http//: www.dieese.org.br>. Acesso em 2 dez. 2006.

FANTI, Cristiani Beltran. *Padrões mediacionais na relação babá-criança em ambiente doméstico*. 169 f. Dissertação de mestrado em Psicologia. Faculdade de Filosofia, Ciências e Letras da UFBA, Salvador, 2006.

FEURSTEIN, Reuvein; KLEIN, S. Pnina; TANNENBAUM, Abe. *Mediated learning experience (MLE)*: theoretical, psychosocial and learning implications (ICELP). London, Freund, 1999.

IBGE. *Pesquisa mensal de emprego*, Salvador, ago. 2006. Disponível em: <http//:www.dieese.org.br>. Acesso em: 15 set. 2006.

JORGE, Ana Soares; VASCONCELLOS, Vera Maria Ramos. Atividades lúdicas e a formação do educador infantil. *Revista do Departamento de Psicologia*, UFF, Rio de Janeiro, v. 12, nn. 2/3, pp. 55-67, 2000.

KLEIN, Pnina S; HUNDEIDE, Karstein. *Training Manual for the MISC (More Intelligent and Sensitive Child) Program*. Sri Lanka, Unicef, 1989.

LEONTIEV, Alexei. Os princípios psicológicos da brincadeira pré-escolar. In: VIGOTSKY, L. S.; LURIA, A. R.; LEONTIEV, A. N. *Linguagem, desenvolvimento e aprendizagem*. São Paulo, Cone, 1998.

LORDELO, Eulina. Educadores de creche: concepções e práticas. *InterAÇÃO*, Curitiba, v. 2, pp. 113-132, jan./dez. 1998.

_____; CARVALHO, Ana Maria Almeida. Educação infantil e psicologia: para que brincar? *Psicologia, Ciência e Profissão*, v. 23, n. 2, pp. 14-21, 2003.

MAXIMO, M. I.; RIBEIRO, M. C.; VENTURELLI, M. Vygotsky e o papel do brinquedo no desenvolvimento. *Revista da Faculdade Salesiana*, pp. 68-78, 1996.

MELO, Hildete Pereira. *O serviço doméstico remunerado no Brasil: de criadas a trabalhadoras*. Rio de Janeiro, IPEA, 1998. (Texto para discussão, n. 565.)

MINISTÉRIO DO TRABALHO. *Classificação brasileira de ocupações*. Disponível em: <http//:www.mtec.gov.br>. Acesso em: 10 ago. 2005.

MONTENEGRO, Thelma. *O cuidado e a formação moral na educação infantil*. São Paulo, Educ, 1999.

NOGUEIRA, Martha Guanaes. Brincar é coisa séria: um alerta a educadores e pais. *Estudos*, Goiânia, v. 23, nn. 1/2, pp. 129-151, 1996.

OLIVEIRA E SILVA, Isabel. A creche e suas profissionais: processos de construção de identidades. *Em Aberto*, Brasília, v. 18, n. 73, pp. 112-121, 2001.

OLIVEIRA LAGOS, Stela Maris. Crenças e valores dos profissionais de creche e a importância da formação continuada na construção de um novo papel junto à criança de 0 a 3 anos. *Em Aberto*, Brasília, v. 18, n. 73, pp. 89-97, 2001.

PASCAL, Christine; BERTRAM, Tony. *Desenvolvendo a qualidade em parcerias*: nove estudos de caso. Portugal, Porto Editora, 2000.

PICCININI, C. A. et al. Diferentes perspectivas na análise da interação pais-bebê/criança. *Psicologia: Reflexão e Crítica*, Porto Alegre, v. 14, n. 2, pp. 469-485, 2001.

PINO, Angel. *As marcas do humano*: as origens da constituição cultural da criança na perspectiva de Lev S. Vigotski. São Paulo, Cortez, 2005.

RIBAS, Adriana; SEIDL DE MOURA, Maria Lúcia. Manifestações iniciais de trocas interativas mãe-bebê e suas transformações. *Estudos de Psicologia*, v. 4, n. 2, pp. 273-288, 1999.

ROGOFF, Barbara. Observando a atividade sociocultural em três planos: apropriação participatória, participação guiada e aprendizado. In: WERTSCH, J. V.; DEL RIO, P.; ALVAREZ, A. (orgs.). *Estudos socioculturais da mente*. Porto Alegre, Artmed, 1998.

ROSEMBERG, Fúlvia; CAMPOS, Maria Malta. Creches e pré-escolas no Hemisfério Norte. São Paulo, Cortez, 1994.

SALUM E MORAES, Maria de Lima; CARVALHO, Ana Maria Almeida. Brincar: uma revisão de algumas concepções clássicas. *Boletim de Psicologia*, v. 37, n. 86, pp. 1-23, 1987.

SEIDL DE MOURA, Maria Lúcia; RIBAS, Adriana. Desenvolvimento e contexto sociocultural: a gênese da atividade mediada nas interações iniciais mãe-bebê. *Psicologia: Reflexão e Crítica*, Porto Alegre, v. 13, n. 2, pp. 245-256, 2000.

SILVA, Cristiane Ribeiro; BOLSANELLO, Maria Augusto. No cotidiano das creches o cuidar e o educar caminham juntos. *Interação em Psicologia*, v. 6, n. 1, pp. 31-36, 2002.

SMOLKA, Ana Luiza Bustamante. O (im)próprio e o (im)pertinente na apropriação das práticas sociais. *Cadernos Cedes*, ano 20, n. 50, 2000.

_____; GÓES, Maria Cecília Rafael; PINO, Angel. A constituição do sujeito: uma questão recorrente? In: WERTSCH, J. V.; DEL RIO, P.; ALVAREZ, A. (orgs.). *Estudos socioculturais da mente*. Porto Alegre, Artmed, 1998.

SPINK, Mary Jane; MEDRADO, Benedito. Produção de sentidos no cotidiano: uma abordagem teórico-metodológica para análise das práticas discursivas. In: SPINK, M. J. (org.). *Práticas discursivas e produção de sentidos no cotidiano*: aproximações teóricas e metodológicas. São Paulo, Cortez, 1995.

TUNES, Elizabeth; TUNES, Gabriela. O adulto, a criança e a brincadeira. *Em Aberto*, Brasília, v. 18, n. 73, pp. 78-88, jul. 2001.

VASCONCELLOS, Vera Maria. Formação dos profissionais de educação infantil: reflexões sobre uma experiência. *Em Aberto*, Brasília, v. 18, n. 73, pp. 98-111, jul. 2001.

VECTORE, Célia. Brincar e a intervenção mediacional na formação continuada de professores de educação infantil. *Psicologia USP*, v. 14, n. 3, pp. 105-131, 2003.

VERÍSSIMO, Maria De La Ó Ramallo; FONSECA, Rosa Maria Godoy Serpa. O cuidado da criança segundo trabalhadoras de creches. *Rev. Latino Am. Enfermagem*, v. 11, n. 1, pp. 28-35, 2003.

VYGOTSKY, Lev. *A formação social da mente*: o desenvolvimento dos processos psicológicos superiores. Tradução J. C. Neto, L. S. M. Barreto, S. C. Afeche. São Paulo, Martins Fontes, 1998.

WERTSCH, James. A necessidade da ação na pesquisa sociocultural. WERTSCH, J. V.; DEL RIO, P.; ALVAREZ, A. (orgs.). *Estudos socioculturais da mente*. Porto Alegre, Artmed, 1998.

_____; DEL RIO, Pablo; ALVAREZ, Amélia (orgs.). Estudos socioculturais: história, ação e mediação. In: Id. *Estudos socioculturais da mente*. Porto Alegre, Artmed, 1998.

ZANELLA, Andréia Vieira. Sujeito e alteridade: reflexões a partir da psicologia histórico-cultural. *Psicologia & Sociedade*, v. 17, n. 2, pp. 99-104, 2005.

# INFÂNCIA ROUBADA: BRINCADEIRA E EDUCAÇÃO INFANTIL NO BRASIL

**CAPÍTULO 5**

*Eulina da Rocha Lordelo[*]*
*Ana Maria Almeida Carvalho[**]*
*Ilka Dias Bichara[***]*

---

[*] Doutora em Psicologia (USP), professora do Departamento de Psicologia da Universidade Federal da Bahia e bolsista do CNPq.

[**] Doutora em Psicologia Experimental (USP), professora do Mestrado em Família na Sociedade Contemporânea (Universidade Católica do Salvador) e da Universidade de São Paulo e bolsista do CNPq.

[***] Professora do Departamento de Psicologia da Universidade Federal da Bahia.

# 1. Introdução

*Oh! Que saudades que tenho*
*Da aurora da minha vida,*
*Da minha infância querida*
*Que os anos não trazem mais!*

(Casimiro de Abreu)

Que poema mais antigo, não? Melancólico, ingênuo, saudosista, para dizer o mínimo. Tudo está mudado, e os jovens e adultos de hoje descartam esse tipo de pensamento, considerando-o inútil, excessivamente fantasioso e irrealista. Está certo, não pode fazer muito bem apegar-se ao passado. O mundo em que vivemos hoje é cada dia mais complexo, requer das pessoas outras habilidades e competências e, sem dúvida, oferece outras fontes de prazer e enriquecimento.

Mas a lembrança do poema no começo deste capítulo é um bom ponto de partida para pensar e repensar a educação infantil no Brasil, como instituição social, incluindo a cultura que a justifica. Começamos por extrair do poema os elementos que consideramos relevantes para uma análise do nosso tópico.

Em primeiro lugar, o contato com a natureza viva parece ter sido o modo usual de vida da maioria das populações brasileiras até bem poucos anos:

Que amor, que sonhos, que flores,
Naquelas tardes fagueiras,
À sombra das bananeiras,
Debaixo dos laranjais.
O céu bordado d'estrelas,
A terra de aromas cheia,
As ondas beijando a areia
E a lua beijando o mar.

Em segundo lugar, a referência à família, amorosa e segura, com destaque para a figura feminina:

Em vez das mágoas de agora,
Eu tinha nessas delícias
De minha mãe as carícias
E beijos de minha irmã!

E, finalmente, a liberdade de ir e vir, em ações um tanto "selvagens":

Livre filho das montanhas,
Eu ia bem satisfeito,
Da camisa aberta o peito,
— Pés descalços, braços nus —
Correndo pelas campinas
À roda das cachoeiras,
Atrás das asas ligeiras,
Das borboletas azuis.

Tudo bem, trata-se de Casimiro de Abreu, poeta morto prematuramente pelo "mal do século", a tuberculose, e participante de um movimento literário de apelo popular no Brasil à época, mas pouco valorizado atualmente. As visões da infância hoje são inegavelmente mais complexas e a idéia de inocência não faz justiça ao mundo infantil.

Mas deixando de lado o saudosismo, vamos prestar atenção aos elementos destacados no poema: natureza, família e liberdade. Olhar à nossa volta para o mundo em que a criança brasileira vive hoje proporciona uma sensação de contraste agudo. As cidades brasileiras são enormes e a densidade populacional retira qualquer possibilidade de conhecimento íntimo do mundo natural. Não há parques suficientes e o espaço por pessoa é muito insatisfatório.

Por outro lado, mamãe não está mais em casa. Ela tem de trabalhar porque a renda de um único provedor não é suficiente para as necessidades da família e, especialmente, porque as necessidades atuais envolvem gastos altos com educação e com a própria vida na cidade. E é claro que nem sempre papai está presente, vovó mora longe ou no interior e os parentes também não estão em melhor situação.

Finalmente, a liberdade de a criança ir aonde desejar em segurança e de engajar-se em atividades de sua escolha não poderia estar mais comprometida. Todo tipo de perigo ronda uma criança desacompanhada de um adulto: acidentes domésticos, roubos, agressão sexual e outras ameaças fortuitas como balas perdidas e trânsito violento, entre tantas outras. Não é necessário falar muito sobre essa realidade. Melhor seguir diretamente para examinar o que a sociedade tem tentado fazer para atender às necessidades da criança de zero a seis anos. De modo geral, pensando na infância e juventude como um todo, nós temos voltado nossas esperanças para a escola, como a grande solução para a formação. Não só a educação tem sido vista como uma preparação necessária para o mundo de hoje, o que justifica um maior investimento no sistema escolar, como também temos expandido esta solução aos anos pré-escolares.

Vivemos uma época de consenso social quanto ao valor da educação. Nunca em outra época enfatizamos tanto os benefícios da educação, à falta de qualquer perspectiva fora de uma escolarização prolongada. Esta compreensão é fundamentada na análise das condições de vida em grande parte do mundo, que mostra um maior desenvolvimento econômico e social quanto mais alta é a instrução das populações. Além disso, o nível de escolaridade está associado à expectativa de vida, problemas de saúde e práticas de criação de filhos. Mas esse consenso tem-nos retirado o senso crítico necessário para reconhecer diferentes tópicos na questão da educação da juventude e diversidades contextuais importantes. Tomamos o exemplo da educação infantil para exame.

Se a escola é essencial para a educação da juventude, então que mal haveria em estender essa escola para uma fase anterior, a pré-escola? Se a pré-escola é tão importante como preparação para a fase escolar propriamente dita, então por que não estendê-la aos primeiros anos de vida? E assim está sendo. A constituição brasileira reconheceu o direito à educação desde o nascimento e a LDB especificou as bases deste direito nomeando um novo nível da educação, que deve englobar creches, pré-escolas e quaisquer outras formas de atendimento.

Paralelamente, os pesquisadores e educadores mais envolvidos com essa faixa etária têm feito uma campanha sistemática sobre o caráter eminentemente educacional que as creches devem assumir, sobre a necessidade de que as crianças a freqüentem e sobre a obrigação do Estado em prover esse atendimento.

Ou seja, além de ser obrigada a passar o dia entre quatro paredes, sob supervisão de um adulto que tenta prepará-la para a escola, ainda estamos nos convencendo de que fazemos isso para o bem da criança.

Carvalho e Lordelo (2003) já discutiram esse tema, tentando mostrar que a visão de infância em nossa sociedade padece dolorosamente do futurismo: a tendência de desconsiderar os primeiros anos de vida como um fim em si mesmo e pensá-los como um período de preparação para o futuro, este sim importante e cuja prioridade justifica o sacrifício dos prazeres da idade.

Desde os anos 1960, um campo de conhecimento, liderado pela historiografia francesa (ARIÈS, 1978), e com forte impacto no ambiente acadêmico brasileiro, tem mostrado a relatividade dos conceitos de infância e desenvolvimento, sugerindo que o modo como vemos a criança, seu lugar na sociedade, suas capacidades e limitações, tudo isso varia tremendamente de sociedade para sociedade, de época para época. De certa forma, interpretações fortes destas idéias têm sido associadas à tentativa de desnaturalização da infância, buscando redefini-la como um fenômeno social que pode ser inventado e reinventado ao sabor das idéias compartilhadas pelas sociedades, sujeitas também à mudança. Pois, idéias de grande apelo intelectual e emocional possuem, de fato, alguma base factual como evidência a sustentá-las, mas a sua interpretação vem sendo estendida além dos limites do simples bom senso, se não da coerência teórica e evidência empírica produzidas em outros campos de conhecimento.

A infância é um fenômeno biopsicossocial. Como tal, teorias sobre seu caráter sociocultural não podem ignorar sua dimensão biológica, sob pena de redução do fenômeno psicológico a uma mera sombra do social e cultural. Disciplinas como psicobiologia, etologia e psicologia evolucionista têm produzido um extenso campo de conhecimentos sobre a infância, e as visões que emergem destas áreas são praticamente unânimes em enfatizar a imaturidade da espécie como característica central na determinação dos modos de organização e funcionamento humanos.

Já nos anos 1970, Bruner (1976) alertava para a importância crucial da imaturidade na constituição da espécie, enfatizando a brincadeira como altamente funcional para o desenvolvimento cognitivo e emocional. Ao mesmo tempo, uma análise magistral sobre a natureza da escola era apresentada, assinalando a incongruência entre os modelos de escola vigentes no mundo ocidental industrializado e a natureza da infância. Bruner utiliza descrições das rotinas cotidianas de povos caçadores coletores, mostrando a fraca separação entre trabalho e brincadeira, os métodos incidentais e práticos de ensino de habilidades, a inexistência de pedagogias estruturadas e, principalmente, a diferença qualitativa entre objetivos educacionais do "saber fazer", característicos de povos pré-agrários, e do "saber que", marca distintiva da educação nas sociedades tecnológicas. Além disso, ele cogita sobre o significado do engajamento juvenil em atividades perigosas, o que ele chama *deep play*, tentando relacionar sua ocorrência a esse "mal-estar da educação", a tarefa inglória do ensino não significativo.

Bruner trouxe à tona os fenômenos do vandalismo e da delinquência juvenil, do envolvimento em brincadeiras perigosas, do consumo de drogas perigosas, do engajamento em atividades cujo único sentido é a busca de sensações, como possíveis subprodutos da organização da educação dos jovens nas sociedades contemporâneas mais avançadas, que se estrutura a distância das mais importantes bases motivacionais da espécie humana e que gera uma crise permanente de desengajamento.

Ele relacionou esses fenômenos ao fato de que a educação das novas gerações passou a ser totalmente divorciada da vida real, exigindo de crianças e adolescentes longas horas de envolvimento em atividades cujo sentido lhes escapa. Em comparação com a escola contemporânea, a educação dos jovens em sociedades de caçadores coletores se dá no contexto da vida real, uma vez que o modo de subsistência é visível para todos e não há distância entre as gerações quanto às ocupações, que podem ser aprendidas no dia-a-dia, com pessoas próximas afetivamente.

Quanta diferença no mundo urbano a nossa volta! É um fenômeno bem conhecido dos pesquisadores de brincadeiras de faz-de-conta que as crianças podem reconstruir perfeitamente ações adultas de cuidar da casa, cozinhar, cuidar de crianças, tarefas atribuídas geralmente às mães. Quando elas brincam de casinha, entretanto, o papel do pai é singularmente pobre: a criança pega um objeto que sinaliza a pasta e "sai para o trabalho"; quando faz isso, ela simplesmente afasta-se do espaço de brincadeira para fazer exatamente nada. Não surpreende que haja disputas das crianças pelos papéis mais "ricos": a professora, a mãe, o bebê, coisas cuja visibilidade é garantida e que permitem a elas construir uma noção de papéis adultos significativos.

Quanta diferença em passar de quatro a seis horas na escola, estudando gramática, matemática, geometria, história, entre outros saberes acumulados pelas culturas humanas! Evidentemente, algo desta mudança é inevitável e se deve às profundas transformações ocorridas nos meios através dos quais as pessoas extraem os recursos necessários para a vida. As atividades econômicas relevantes hoje dependem maciçamente de conhecimentos científicos e tecnológicos cada vez mais sofisticados, que não podem ser descobertos no decorrer de uma existência individual. Portanto, não é o caso de advogar a "volta à natureza".

As qualidades positivas do texto de Bruner não significam a desvalorização da educação nas sociedades contemporâneas, mas tão-somente o equacionamento de um problema nas suas fundações, baseadas em exigências motivacionais incongruentes com as características biológicas da espécie, a serem levadas em conta na busca de novas abordagens à educação das gerações de jovens. De qualquer forma, a visão de Bruner por aquela época enfatizava bastante o caráter funcional da brincadeira na infância, como passo necessário ao desenvolvimento de habilidades cognitivas e sociais.

Mais recentemente, entretanto, a hipótese da brincadeira como adaptação ontogenética tem tido mais destaque. Adaptação ontogenética é a expressão usada na psicologia evolucionista para descrever e explicar características comportamentais referentes ao desenvolvimento dos indivíduos. Por exemplo, ao nascimento, o bebê humano vem equipado com um conjunto de reflexos, alguns dos quais desaparecem mais tarde. O reflexo de sucção, por exemplo, tem claro valor adaptativo para a sobrevivência do bebê, uma vez que garante a ingestão imediata do alimento sem necessidade de aprendizagem, o que é essencial para a manutenção da vida da criança. O reflexo de sucção desaparece em poucos meses, sendo substituído por outros comportamentos de ingestão. Portanto, diz-se que este reflexo é uma adaptação ontogenética, importante para uma fase do desenvolvimento e desnecessária em outras.

Vários outros padrões comportamentais relevantes na infância não estão conectados com a idade adulta, ou seja, são inúteis e não servem de preparação direta para funções cruciais mais tardias. Em vez disso, a organização do comportamento da criança estaria mais relacionada às exigências de adaptação do indivíduo àquela fase específica da vida. Padrões de comportamento como a brincadeira, por exemplo, melhorariam a adaptação do indivíduo nos estágios imaturos da vida, perdendo seu significado na idade adulta.

No caso da brincadeira, tem-se sugerido que seu exercício proporciona um senso de domínio, competência e auto-eficácia que podem ser pouco significativos para as atividades em si próprias, mas que afetam as experiências da criança com novas atividades (PELLEGRINI & SMITH, 1998).

Um apoio indireto para a hipótese vem da evidência do uso extensivo do brincar em técnicas psicoterapêuticas com crianças. Ludoterapia é quase a regra em tratamentos psicológicos infantis, não apenas como meio de comunicação entre o terapeuta e a criança, mas também como um lugar mais central no processo terapêutico, provavelmente devido ao papel desempenhado pela ação de brincar para o conhecimento, a expressão e o controle das emoções. Um outro indício significativo, também de nosso tempo, é a utilização do lúdico, sob várias formas, a fim de atrair crianças em situação de risco para organizações que procuram propiciar sua reinserção social em melhores condições.

Outra possibilidade de vantagem imediata é sugerida pelos resultados de alguns estudos que testaram a hipótese de que a brincadeira funciona como adaptação para uma fase específica do desenvolvimento. Por exemplo, Spinka, Newberry e Bekoff (2001) apontam algumas funções que são favorecidas pela brincadeira durante as fases imaturas da vida: a preparação para o inesperado, o aumento da versatilidade de movimentos usados para lidar com eventos súbitos, como quedas e perda de equilíbrio, e para tratar emocionalmente com situações estressantes e imprevistas.

Também Pellegrini e Smith (1998) argumentam a favor da brincadeira como uma adaptação ontogenética, a partir de estudos que reavaliaram a relação custo-benefício do comportamento. Tradicionalmente, duas das características usadas para descrever a brincadeira – falta de utilidade imediata e alto dispêndio energético – são percebidas como paradoxais para a visão da brincadeira como um sistema que promove a adaptação dos indivíduos: a evolução não poderia selecionar um comportamento cujo custo excedesse seu benefício. A solução que vem sendo proposta para este aparente paradoxo tem sido supor que os benefícios são adiados. No entanto, falhas em reunir evidência conclusiva que sustente tal hipótese têm levado alguns pesquisadores a reavaliar estes pressupostos e a buscar suporte empírico para a hipótese alternativa da brincadeira como adaptação ontogenética.

Por exemplo, uma avaliação mais direta da relação custo-benefício para a brincadeira foi realizada por Pellegrini, Hovart e Huberti (1998), os quais concluíram que, entre crianças de classe média, o engajamento em brincadeira não excede 6% de seus gastos energéticos totais. Este resultado favoreceria a hipótese de que o comportamento de brincar não é tão custoso energeticamente, e de que possíveis benefícios imediatos, ainda que pequenos, poderiam sustentar a evolução do comportamento.

Outros argumentos alinhados por Pellegrini e Smith (1998) também sugerem benefícios imediatos do comportamento de brincar, entre os quais os estudos de privação de brincadeira de atividades físicas em crianças escolares, cujos resultados são unânimes em documentar um efeito "rebote" após o encerramento da privação; nestas condições, o nível de atividade física aumenta, como se para compensar o tempo em que a criança foi privada de oportunidades para brincar ativamente. Além disso, observou-se freqüentemente que o nível de atenção para as atividades acadêmicas aumenta após os períodos de recreio.

Esse último resultado tem implicações para a educação e é compatível com a hipótese da imaturidade cognitiva como adaptação ontogenética (BJORKLUND & GREEN, 1992).

Estes autores estão entre os mais importantes defensores dessa visão. Ele e seus colegas admitem, naturalmente, que muitas das características da infância são adaptações para a vida adulta; no entanto, uma análise mais acurada do fenômeno revela algumas razões pelas quais a brincadeira pode ser vista como importante em si mesma, durante a infância.

Bjorklund e Green (1992) recuperam vários argumentos que sugerem algumas funções imediatas para a imaturidade. Por exemplo, a imaturidade motora poderia impedir que a criança se afastasse da sua mãe, protegendo-a de perigos do ambiente, melhorando suas chances de sobrevivência; limitações sensoriais dos jovens poderiam ajudar a reduzir a quantidade de informações a assimilar, e auxiliar a criança a ter uma visão mais simplificada e compreensível do mundo.

No que diz respeito às funções cognitivas, Bjorklund e Green (1992) sugerem a existência de quatro áreas em que a imaturidade cognitiva pode representar uma vantagem para o desenvolvimento da criança: metacognição, egocentrismo, velocidade de processamento da informação e aquisição da linguagem.

Por exemplo, estudos em metacognição na área de memória têm documentado a tendência de a criança superestimar suas habilidades de memória; em determinadas idades, as crianças demonstram o que se poderia chamar de otimismo irrealista. O que esta característica poderia ter de positivo em adaptação?

Bjorklund e Green (1992) sustentam que o otimismo na avaliação da própria competência tem sido associado a uma alta motivação para a realização acadêmica, o que pode ser interpretado como uma vantagem adaptativa, na medida em que a criança aumenta o seu senso de auto-eficácia e maestria. Esse otimismo irrealista permite à criança a oportunidade de praticar habilidades em situações nas quais uma avaliação acurada de suas próprias capacidades desencorajaria qualquer engajamento. Por exemplo, imagens de crianças pequenas realizando tarefas que estão além da sua capacidade são comuns na experiência cotidiana de todo mundo; mesmo nas brincadeiras em grupos, a figura do "café com leite", aquela criança menor que pensa estar participando do jogo, mas que todos os demais sabem que não é a sério, é uma ótima ilustração do possível benefício cognitivo de uma metacognição pobre, ou seja, a criança nem percebe que não está "contando"; em vez disso, ela pode aproveitar intensamente o convívio com crianças mais velhas e praticar uma versão mais simplificada do jogo em questão, familiarizando-se com alguns dos seus aspectos e desenvolvendo outras habilidades na esfera social, bem como o senso de pertença e de auto-eficácia.

No que diz respeito ao egocentrismo, alguns estudos recolhidos da literatura têm fornecido apoio para a idéia de que a auto-referência pode ser um mecanismo relevante para melhorar o desempenho da pessoa em várias tarefas de processamento da informação. Por exemplo, em tarefas de memória, o desempenho da criança costuma ser mais satisfatório quando se pede que ela relacione o material dos estímulos a serem recordados a si própria. Naturalmente, ninguém sugeriu que o pensamento egocêntrico é mais eficaz do que o pensamento adulto; tão-somente que o egocentrismo permite à criança praticar e refinar habilidades que não estariam a seu alcance sem esta característica, levando os autores a sugerir que o egocentrismo não é um déficit cognitivo, mas uma característica do processamento de informações nas fases iniciais da vida.

No que diz respeito à velocidade de processamento da informação, Bjorklund e Green (1992) também argumentam pelas vantagens da imaturidade. Segundo suas análises, o processo de mielinização do sistema nervoso, que se prolonga durante toda a infância, limita o tempo com o qual a criança processa a informação. Enquanto o progresso da mielinização é responsável pelo aumento da velocidade de processamento, as experiências durante a infância também contribuem para aumentar a rapidez com que tarefas cognitivas são realizadas. No entanto, a destreza em atividades específicas não se generaliza para outros domínios, de modo que a criança mantém, em áreas para as quais ela não tem um treinamento específico especial, o mesmo padrão de desempenho característico de sua faixa etária.

Nós poderíamos indagar, então, se não seria vantajoso treinar a criança intensivamente em vários domínios diferentes, de modo que ela pudesse avançar mais rapidamente em várias áreas? Segundo Bjorklund e Green (1992), a resposta é claramente negativa, porque a automatização das operações mentais reduz a flexibilidade cognitiva, tão necessária e tão característica da espécie humana. Assim, um tanto ironicamente, a hipótese em análise significa que quanto mais precoce o treinamento em tarefas cognitivas específicas, mais aumenta a probabilidade de um prejuízo cognitivo geral, em termos de flexibilidade.

Finalmente, a aquisição da língua é um tópico em que a imaturidade cognitiva é altamente vantajosa: crianças são melhores do que adultos na aquisição da primeira e de uma segunda língua e parece ser o lento desenvolvimento neurológico que sustenta esta característica da infância. Há dados da literatura (JOHNSON & NEWPORT, apud BJORKLUND & GREEN, 1992, p. 50) sugerindo que "[...] um aumento em certas habilidades cognitivas pode, paradoxalmente, tornar a aprendizagem da língua mais difícil".

Não obstante essas sugestões, é claro que ainda sabemos pouco, tanto sobre possíveis conseqüências funcionais da brincadeira no desenvolvimento de habilidades adultas, quanto sobre suas conseqüências funcionais imediatas; mas as indicações sobre o valor da imaturidade nos parecem muito importantes. Há algumas hipóteses, não completamente exploradas ainda, é certo, de que a criança não é, definitivamente, um ser deficiente, num sentido funcional. Para atingir a idade adulta, é preciso sobreviver às idades precedentes, e para isto são necessárias adaptações que conservem o organismo vivo. É claro que a pesquisa que aponta a natureza adaptativa das características da infância é minoritária em relação aos campos que exploram as diferenças em relação ao adulto e que demonstram a completude do organismo em sua plenitude funcional adulta.

Mas o ponto mais importante a destacar aqui é a natureza adultocêntrica das visões sobre a infância, visível na pesquisa em psicologia do desenvolvimento e dominante na educação, seja na pesquisa, seja na formulação de políticas, seja na cultura mesma em que vivemos na contemporaneidade.

Nossa cultura desvaloriza a imaturidade e superestima os benefícios da precocidade, ou seja, nós acreditamos que o desenvolvimento mais acelerado é vantajoso para o futuro da criança. Lordelo e Carvalho (2003) discutem a questão, apontando a concepção de desenvolvimento marcada pela idéia subjacente de que as trajetórias da criança são organizadas por um cronograma, o qual, por sua vez, é dirigido para metas futuras, para as quais a antecipação pode trazer uma vantagem. A metáfora usada pelas autoras é a de uma corrida cujo prêmio é a redução do tempo necessário para cumprir a tarefa. Pais e professores costumam ficar muito preocupados não só com qualquer desvio da norma, o que poderia indicar uma patologia do desenvolvimento, como também se engajam ativamente em obter um desempenho mais elevado do que o esperado para a faixa etária. Neste caso, a idéia "[...] de atraso, que tem um sentido mais ou menos preciso para o diagnóstico de perturbações severas e permanentes no desenvolvimento, foi levada para a área do desenvolvimento normal, gerando entre pais e educadores a idéia de que fazer algo mais cedo é bom para a criança" (LORDELO & CARVALHO, 2003, p. 15).

De que forma essas visões são incorporadas às concepções sobre educação infantil e, portanto, às instituições que desta se encarregam? Um primeiro ponto a registrar é a permanência da desvalorização do lugar da própria brincadeira na educação infantil. Uma ilustração deste ponto pode ser vista na análise da produção científica brasileira sobre a temática.

Uma pesquisa na base de dados Index Psi Periódicos Técnico-Científicos (2006) produziu 86 artigos completos, incluindo as palavras brincar ou brincadeira, e 101 artigos com as palavras educação infantil. Entretanto, apenas quatro desses artigos estão associados, ou seja, tanto o tópico educação infantil quanto o brincar ou brincadeira têm sido alvos da pesquisa no Brasil, mas a associação dos dois costuma ser bem rara.

O segundo aspecto, e relacionado ao anterior, é o de que há clara evidência de que permanece a oposição entre brincadeira e "atividade produtiva ou propriamente educacional" – meia hora de "atividade livre" (muitas vezes em pátios que só dispõem de equipamentos de parque) contra três ou mais horas de "atividades produtivas", em mesinhas (formato escolar) ou em outro arranjo de sala, onde são disponibilizados objetos e materiais, mas com utilização dirigida pela educadora com metas educacionais (com eficácia imaginária ou real...).

O terceiro aspecto a registrar é que, em nossa cultura, os pesquisadores em psicologia e educação, bem como pais e professores, apropriam-se da brincadeira como instrumento de aprendizagem. Expressões como *brincadeira/brinquedos educativos* ilustram esta tendência a distorcer o significado da atividade de brincar e submetê-la a uma lógica utilitarista e, provavelmente, falaciosa. Supor a existência de brincadeira educativa implica admitir o seu oposto e reconhecer a superioridade de uma destas formas sobre a outra.

Ainda está para ser demonstrado qualquer vestígio de verdade nessa idéia. A funcionalidade da brincadeira, sua utilidade, pode estar relacionada à preparação para funções adultas ou à melhoria do funcionamento da criança enquanto criança. Mas disto não decorre absolutamente a conclusão de que algumas formas de brinquedo são melhores do que outras e, portanto, devem ser incorporadas ao currículo da educação infantil.

Ao contrário, há alguma evidência de que a interferência externa na atividade da criança, reforçando comportamentos de brincar, reduz o engajamento dela, como demonstrado por Gomide e Ades (1989), que realizaram um estudo em que forneciam balas enquanto as crianças usavam os balanços; quando as balas foram temporariamente suspensas, as crianças abandonavam a atividade.

Esse tipo de resultado tem base teórica nos estudos sobre motivação, que reconhecem dois modelos motivacionais distintos (DECI & RYAN, 1985): de um lado, os modelos baseados nas teorias de impulso, que só admitem motivações endógenas determinadas por déficit ou distúrbios do equilíbrio orgânico – por exemplo, fome, sede, dor, sexo. Estes impulsos seriam responsáveis por ativar comportamentos que restabelecem o equilíbrio homeostático do organismo; de outro lado, reconhece-se o modelo das motivações intrínsecas. Nesta segunda perspectiva, os organismos possuem sistemas nervosos dotados de atividade própria, que geram energia para ações, mais ou menos independentes de déficits ou distúrbios de equilíbrio. Algumas dessas ações podem não cessar a partir de saciação ou reequilíbrio – por exemplo, exploração, manipulação e ludicidade não se conformam ao modelo de impulso, desequilíbrio, comportamento, redução do impulso, equilíbrio.

O modelo das motivações intrínsecas implica conceitos como níveis ótimos de ativação e de atenção, que têm sua expressão em ações mais ou menos distanciadas das necessidades de sobrevivência imediata, como complexidade, desafio, incongruência. A visão de organismo que decorre dessa concepção, aplicada ao ser humano, sustenta a idéia da necessidade humana de interações livres no ambiente, reguladas por sentimentos de prazer e de interesse nas próprias ações, bem como de explorar e manipular o ambiente, pelo prazer intrínseco de eficácia ou competência.

Portanto, apropriar-se da brincadeira como instrumento pedagógico representa uma fantasia otimista da nossa cultura, comprometida, isto sim, com metas de sucesso pessoal na idade adulta. O resultado desse movimento pode ser apenas a ineficácia, ou seja, nada se ganha e a estratégia é inútil. Mas também pode ser que a estratégia seja inútil e, ao mesmo tempo, não seja inócua, inofensiva. Pode ser que a criança não ganhe nada e perca alguma coisa. Nós esboçamos anteriormente algumas das possibilidades relacionadas à idéia radical de que a escolarização precoce e o recrutamento da atividade de brincar intrinsecamente motivada para o ensino de habilidades e conhecimentos específicos podem resultar em prejuízos para a criança.

Se é verdade que a brincadeira é uma adaptação ontogenética e/ou uma preparação para o futuro, então, privar a criança do seu exercício livre, sob seu próprio controle, pode dificultar o seu desenvolvimento. Felizmente, a motivação para brincar parece ser tão forte que a tentativa pedagógica de disciplinar a sua expressão é, quase sempre, malsucedida. Como sabem os professores, impedir que as crianças brinquem é uma tarefa inglória, assim como mantê-las quietas, em ordem, atentas às tarefas acadêmicas. Então, uma vez que não se consegue impedir que a criança brinque, quem sofre é a própria escola, num primeiro momento, pelo acúmulo de experiências desagradáveis para a criança, pela associação do aprender ao desprazer de conter seus próprios interesses; a longo prazo, a criança tem sua motivação para a realização acadêmica reduzida, o que compromete seu engajamento com uma educação longa.

Se essas idéias são ou não verdadeiras é motivo de curiosidade científica e da mais alta relevância para as sociedades no seu trato com as crianças. O que nós precisamos é reconhecer nossa profunda ignorância sobre o assunto; temos de admitir que nossos modelos pedagógicos são construídos sem uma base teórico-empírica sólida e/ou contrariam os conhecimentos disponíveis sobre o assunto.

No que diz respeito ao tratamento da infância, às estratégias de atendimento a crianças pequenas e aos modelos e práticas adotados na educação infantil, devemos cumprir algumas etapas de estudo, teste e discussão.

Em primeiro lugar, podemos discutir a natureza da infância, sua conexão com outras fases da vida e a apreensão que as ciências naturais e humanas fazem dela enquanto objeto de estudo. Reconhecer a marca sociohistórica nas visões e práticas relativas à infância não pode significar a ignorância de outras dimensões pertinentes, como é o caso da dimensão biológica e da dimensão social, em que a criança é vista como um ser de direitos. Nós necessitamos deslocar a perspectiva sobre a infância do ponto de vista do adulto e da sociedade e experimentar a perspectiva da própria criança, seus desejos e necessidades.

Em segundo lugar, precisamos estudar a brincadeira como sistema motivacional com sua própria organização e funções. Como as crianças brincam e como variáveis físicas e sociais do contexto estão relacionadas às formas de brincar, como o brincar relaciona-se com outras fases da vida e com outras esferas do desenvolvimento, como a cultura afeta e é afetada pela brincadeira da criança, entre outros, são tópicos de pesquisa de grande relevância, que se podem somar ao esforço de pesquisadores de todo o mundo no entendimento do fenômeno.

Em terceiro lugar, temos de submeter à prova pressupostos e modelos pedagógicos relacionados à brincadeira. Como as crianças lidam com os chamados brinquedos e brincadeiras educativos? Engajamento, criatividade, emoções associadas e conexões com outras áreas do desenvolvimento estão relacionados de alguma forma a esse tipo de brinquedo/brincadeira? Modelos diferenciados de organização dos ambientes da educação infantil têm algum impacto no desenvolvimento da criança, em curto, médio e longo prazos? Currículos diferenciados fazem alguma diferença no comportamento atual da criança e no seu desenvolvimento futuro? Sobretudo, devemos incluir a perspectiva da criança em toda pesquisa sobre infância, brincadeira e educação infantil. Do que ela gosta? O que a faz mais feliz?

Na ausência de respostas, que não serão imediatas e nunca completas, pode ser útil perguntar o que estamos fazendo da infância, se nossas experiências de escolarização precoce e direcionamento não estão roubando de nossas crianças seu bem mais precioso: seu direito à própria infância, a vivê-la de tal modo que se possa, mais tarde, dizer "Oh! Que saudades que tenho/Da aurora da minha vida/Da minha infância querida/Que os anos não trazem mais!".

# Referências

ARIÈS, P. *História social da criança e da família.* Rio de Janeiro, Zahar, 1978.

BJORKLUND, D. F.; GREEN, B. L. The adaptive nature of cognitive immaturity. *American Psychologyst,* v. 47, n. 1, pp. 46-54, 1992.

BRUNER, J. S. Nature and uses of immaturity. In: BRUNER, J. S.; JOLLY, A.; SYLVA, K. (orgs.). *Play – its role in development and evolution.* London, Penguin Books, 1976. pp. 28-65.

DECI, E. L.; RYAN, R. M. *Intrinsic motivation and self-determination in human behavior.* New York, Plenum Press, 1985.

GOMIDE, P. I. C.; ADES, C. Effects of reward and familiarity of reward agent on spontaneous play in preschoolers: a field study. *Psychological Reports,* n. 65, pp. 427-434, 1989.

INDEXPSI de Periódicos Técnico-Científicos. Disponível em: <http://www.bvs-psi.org.br>. Acesso em: 29 nov. 2006.

LORDELO, E. R.; CARVALHO, Ana Maria Almeida. Educação infantil e psicologia: para quê brincar? *Psicologia Ciência e Profissão,* v. 23, n. 2, pp. 14-21, 2003.

PELLEGRINI, A. D.; SMITH, P. K. The development of play during childhood: forms and possible functions. *Child Psychology and Psychiatry Review,* v. 3, n. 2, pp. 51-57, 1998.

————; HOVART, M.; HUBERTI, P. The relative costs of physical play. *Animal Behavior,* n. 55, pp. 1053-1061, 1998.

SPINKA, M.; NEWBERRY, R. C.; BEKOFF, M. Mammalian play: training for the unexpected. *Quarterly Review of Biology,* n. 76, pp. 141-168, 2001.

# EXPECTATIVAS PATERNAS E EXPERIÊNCIAS DOS ESTUDANTES NUM INTERNATO: REFERÊNCIAS PARA O DESENVOLVIMENTO DE UMA PRÁTICA PEDAGÓGICA MAIS AMPLA

CAPÍTULO 6

*Demóstenes Neves da Silva*[*]
*Elaine Pedreira Rabinovich*[**]

---

[*] Mestre em Família na Sociedade Contemporânea e professor do programa de pós-graduação da Faculdade Adventista de Educação do Nordeste (Faene). *E-mail*: <demostenesneves@yahoo.com.br>.

[**] Doutora em Psicologia Social (USP), professora do Mestrado em Família na Sociedade Contemporânea da UCSAL e membro do Centro de Estudos do Crescimento e Desenvolvimento Humano (CDH). *E-mail*: <elainepr@clas.com.br>.

Este trabalho é parte de um estudo mais amplo[1] que procurou compreender as trajetórias de jovens em um internato, localizado em Cachoeira, na Bahia, denominado Instituto Adventista de Ensino do Nordeste (IAENE), com 2.300 alunos, sendo aproximadamente 400 deles internos no momento da pesquisa. O presente capítulo objetiva apresentar parte dos resultados de análise feita a partir dos elementos identificados nos dados obtidos no campo da pesquisa, através de questionários aplicados aos pais de novos alunos, da utilização de fotos, feitas pelos alunos no ambiente do internato, e de grupo focal com alguns estudantes. Cerca de metade dos estudantes que participaram do grupo focal era de bolsistas que, socioeconomicamente, não tinham condições de custear os estudos; o restante era de classe média. A idade dos estudantes variou entre 15 e 21 anos, estando a maioria entre 16 e 18 anos.

## 1. Introdução

### Aspectos históricos do internato

Em sua origem, o internato, como instituição educacional, evoluiu na Europa a partir da concepção pedagógica de que a formação do homem ideal poderia ser obtida com a separação da criança da sociedade, através do isolamento e de rigorosa supervisão disciplinar, visando ao preparo acadêmico e moral do educando (ARIÈS, 1962). Ainda segundo este autor, a necessidade de tal acompanhamento disciplinar também esteve ligada a problemas advindos da extrema liberdade dos alunos externos. O comportamento dos residentes no entorno das escolas, por volta do século XVII, parece ter conduzido

---

[1] O presente trabalho é parte da dissertação de Mestrado em Família na Sociedade Contemporânea (Universidade Católica do Salvador) do primeiro autor, sob orientação da segunda. Título *Trajetórias no contexto de um internato: das expectativas familiares às experiências dos internos e egressos*, Salvador-BA, março 2007.

a decisões civis e eclesiásticas para que, uma vez longe dos pais, fossem supervisionados em suas atividades acadêmicas e comportamentais por mestres preceptores que poderiam ser os próprios senhorios (ARIÈS, 1962).

Na França, o internato alcança seu auge no século XVIII, porém o surgimento de novas concepções pedagógicas e mudanças nas condições econômicas e sociais devolve, progressivamente, até o início do século XX, à família a tarefa da educação moral dos filhos, levando o internato à decadência; exceto na Inglaterra, onde a escola pública, objetivando a preparação do *gentleman*, se estabelece definitivamente nesse mesmo período (ARIÈS, 1962). E a partir daí, expande-se como proposta educacional para outros países.

Tentando recuperar a história dos internatos nos EUA, a TABS (*The Association of Boarding Schools*) e a BSA (*Boarding School Association*) descrevem que, inicialmente, do período colonial até próximo ao final do século XVII, a educação era colocada como responsabilidade das famílias, das igrejas e, às vezes, da comunidade (ARIÈS, 1962). Gradativamente, escolas rurais passaram a funcionar nos períodos entre o plantio e a colheita e outras atividades, de modo a aproveitar a época em que pais e alunos estivessem livres do trabalho (ARIÈS, 1962; COOKSON & PERSELL, 1985).

Naquela época, o currículo das escolas de campo era basicamente teórico e enfatizava autores clássicos como Horácio, Virgílio, Cícero, Homero, Sócrates e Hesíodo, colaborando para preparar futuros clérigos e professores.

Essas escolas, denominadas escolas de gramática inglesa (*English Grammar Schools*), eram mantidas e administradas por iniciativa particular, mas para funcionar precisavam de certo número de alunos; por isso, somente eram estabelecidas em locais onde houvesse população suficiente. Tornavase necessário um sistema que hospedasse estudantes vindos de perto e de longe e que oferecesse segurança, estabilidade e qualidade de ensino.

Surgem então, nos EUA, os internatos nos moldes dos que existem atualmente, sendo o primeiro deles inaugurado em 1744; embora a primeira escola (*Academy*), oferecendo formação em área específica em regime interno, tivesse surgido em 1763. Inicialmente, na ausência de dormitórios como conhecidos hoje, os alunos de localidades distantes eram hospedados por professores ou em casas de voluntários residentes na cidade ou nas proximidades (ARIÈS, 1962). Progressivamente, o internato se tornou bem-aceito nos EUA, propiciando: segurança longe das grandes cidades, ambiente saudável, boa qualidade acadêmica, além de modelos de subjetivação que moldariam os alunos de acordo com a filosofia de cada instituição.

## Educação e contexto

Neste trabalho, o modelo de análise para o internato, enquanto ambiente educacional, foi a proposta de Bronfenbrenner (1996), que considera as capacidades humanas e suas realizações significativamente dependentes do contexto social e institucional mais amplo. Ele chamou a atenção para os efeitos da interação entre os vários níveis que compõem o ambiente como um sistema dinâmico, no qual a pessoa influencia e é influenciada por fatores presentes e ausentes, próximos e distantes.

Os quatro elementos desenvolvimentais apontados por Bronfenbrenner e Morris (1998) são: o *processo*, o mais importante deles, que se refere às interações desenvolvidas no ambiente com pessoas, coisas e símbolos; a *pessoa* e suas características biopsicossociais; o *contexto* dividido em quatro níveis: microssistema (ambiente das interações imediatas do educando), mesossistema (outros ambientes nos quais o educando transita e exerce diferentes papéis, como a casa e o clube, por exemplo); o exossistema (ambientes não freqüentados pelo educando, mas que influenciam direta ou indiretamente o seu microssistema) e o macrossistema (o conjunto de crenças, valores e ideologias como unificadores dos sistemas entre si); e, finalmente, o *tempo* que se refere à regularidade, periodicidade, duração e história de vida do estudante.

Assim, Bronfenbrenner (1996) concebe o desenvolvimento como o resultado de aspectos contextuais, em vez de processos exclusivamente individuais, segundo a proposta de Kurt Lewin, em "uma estreita interconexão e isomorfismo entre a estrutura da pessoa e da situação" (BRONFENBRENNER, 1996, pp. 9-10). Para Lewin, o ambiente fenomenológico tem primazia "em relação ao meio ambiente real na orientação do comportamento". Nesse sentido, a compreensão do comportamento não pode ocorrer unicamente a partir de "propriedades objetivas de um meio ambiente, sem referência ao seu significado para as pessoas do ambiente [...]" (BRONFEN-BRENNER, 1996, p. 20).

Assim, o ambiente onde se desenvolve o processo educacional e a forma como ele é percebido por seus atores, aí incluídos os pais e estudantes, foram aqui analisados levando-se em consideração a percepção do sujeito em sua relação com o contexto.

## Objeções ao modelo institucional do internato

A proposta de educação em instituições internas tem sido um modelo de escola praticado historicamente desde o século XV até os dias atuais (ARIÈS, 1962), ora para classes populares, os infratores, ora como para a educação da elite. Este modelo, aberto à atividade pública e privada, laica e confessional, vem sendo visto de forma controvertida por diferentes estudiosos do assunto (MORAIS et al., 2004). Aceito como proposta educacional necessária, para atendimento especialmente a estudantes provenientes de camadas populares, ou para o ensino na educação regular da rede pública ou privada, o internato é considerado por outros autores como contexto de desenvolvimento a ser evitado devido à sua influência desfavorável ao estudante (BENELLI, 2002).

Por constituir, conforme Foucault (1977; 2004), um espaço onde o poder disciplinar se exerce não apenas como força negativa, mas também produtiva, conduzindo à formação de determinado tipo de indivíduo, e ainda como uma instituição total (GOFFMAN, 1961; 2005) que separa as pessoas da vida civil e as submete a investidas contra o eu, surge o questionamento sobre o tipo de indivíduo que se pode formar num internato e as possibilidades desenvolvimentais que se apresentam na instituição, em uma perspectiva educacional.

Foucault (1977; 2004) chama a atenção para as técnicas disciplinares presentes nas escolas, como a normatização que atinge os detalhes da vida do aluno e a normalização que exclui pela classificação de quem é normal e de quem não é. Outros elementos apontados são: a "cerca" delimitando espaços físicos e simbólicos; a vigilância contínua em ambientes delimitados; e a técnica do exame que objetiva o indivíduo, tornando-o avaliável e conhecido, mas sem que possa avaliar e conhecer quem o avalia. O "exame" se caracteriza como um ritual de renovação constante de poder a favor do mestre na escola, que garante a transmissão do saber e fornece ao mestre o conhecimento útil sobre os alunos (FOUCAULT, 1977; 2004).

Por outro lado, os traços da instituição interna e a influência sobre os indivíduos foram focos das pesquisas de Goffman (1961; 2005). Este autor classificou a instituição fechada, como o internato, de "instituição total" que "pode ser definida como um local de residência e trabalho, onde um grande número de indivíduos com situação semelhante, separados da sociedade mais ampla por considerável período de tempo, leva uma vida fechada e formalmente administrada" (GOFFMAN, 1961; 2005, p. 11). Normalmente, neste tipo de instituição sobressaem dois aspectos: a participação não-voluntária em muitas atividades e a linha de autoridade que se estende sobre o grupo, mesmo nos momentos em que deveria prevalecer a escolha pessoal (GOFFMAN, 1961; 2005).

Tanto nas observações de Foucault (1977; 2004) quanto naquelas feitas por Goffman (1961; 2005), encontram-se envolvidas condições que não apenas interferem, como constituem um tipo de processo educacional, assim como o controle disciplinar sistemático da instituição sobre o tempo, o espaço e o corpo, alcançando aspectos pessoais relacionados a trabalho, estudo, lazer, alimentação e sexualidade, por exemplo.

Assim, a alternativa da educação nas escolas de internato para crianças e adolescentes tem sido alvo de discussões e, segundo Antoneli (1997), "historicamente, uma saída controvertida e ao mesmo tempo necessária", inevitável para atender populações de baixa renda, sem "recursos para a criação de filhos no âmbito familiar" (ANTONELI, 1997, p. 17). Embora a autora esteja tratando de instituições para recuperação de crianças e adolescentes infratores ou destinadas especificamente àqueles que vivenciam dificuldades socioeconômicas, parece que os debates ainda se travam em torno da vantagem, ou não, da educação em internatos.

Por outro lado, e apesar de controvertido, para Morais et al. (2004), o colégio interno, devido ao tempo despendido pelo aluno neste espaço, oferece elementos que proporcionam a formação do estudante. Esses elementos estariam nas oportunidades para o desenvolvimento de vínculos afetivos e amadurecimento pessoal por meio do convívio com pessoas diferentes e com situações que exigem resolução de problemas, nas quais podem desenvolver os sentimentos de cooperação, "solidariedade, identidade grupal, intimidade e autonomia para administrar a própria vida" (MORAIS et al., 2004, p. 387).

Portanto, tomando como ponto de partida a utilização geral da educação escolar em regime de internato, este trabalho dedicou-se a compreender o ambiente da escola enquanto contexto para a prática pedagógica, através das perspectivas dos pais e dos internos.

## 2. Perspectivas e expectativas paternas

Foram selecionadas perguntas de um questionário respondido por vinte pais no momento da matrícula do filho na escola. As questões utilizadas foram as mais diretamente ligadas ao propósito deste trabalho, as quais indagavam as razões para a escolha do sistema de internato para o filho ou filha, e de que maneira as famílias entendiam que estar separado dos pais, pelo internato, poderia ajudar no desenvolvimento do aluno.

As respostas indicaram motivos relacionados a interesses religiosos, educacionais e psicológicos que seriam alcançados ou favorecidos pela experiência no internato. Poderia ser deduzido, a partir daí, que a família percebe a necessidade de ajuda na tarefa de educar, e que essa seria conseguida no sistema de internato, em lugar de outras alternativas disponíveis.

A seguir, apresentaremos algumas categorias empíricas de análise desses dados que se apresentam de modo inter-relacionado.

### O internato como compensação

Os depoimentos dos pais indicaram uma necessidade educacional não suprida pelos meios usuais da família. Para os pais adventistas, por exemplo, o internato é uma forma de inserir o filho num universo ideal, de acordo com a filosofia da Igreja. O diálogo informal com pais, durante a sua permanência no *campus*, também foi conduzido para saber as razões de terem levado os filhos para o internato. A resposta freqüentemente apontou para um mundo em mudança que conflita com os valores e costumes ensinados por um dos pais ou por ambos. Assim, segundo o modelo ecológico (BRONFENBRENNER, 1996), mudanças na dinâmica do macrossistema, que caracterizam a vida atual, propiciariam a convivência de valores conflitantes dentro da sociedade. Esta situação favoreceria conflitos no microssistema familiar, que teria dificuldade de se manter homogêneo em seus valores, crenças e religiosidade, facilitando o surgimento de discordâncias.

O sonho de educação dos filhos, apresentado pelos pais, foi de um lugar seguro e confiável, que não traísse os valores nos quais desejavam que seus filhos fossem criados. E é aí que entra o internato como contexto educacional.

Outro aspecto encontrado nas falas dos pais, tanto nos questionários quanto em diálogos no *campus*, é sua desconfiança/insegurança em relação à responsabilidade dos filhos de se comportarem de acordo com suas crenças e valores, quando em contextos seculares e fora do controle familiar. Isso evidenciaria uma percepção negativa dos filhos enquanto pessoas em desenvolvimento e que, para serem confiáveis, se deveria restringir-lhes a área de movimento livre (LEWIN, 1978; GOFFMAN, 2005). O internato, aparentemente, daria segurança aos pais de que os filhos estariam sendo vigiados e não se desviariam para práticas diferentes da educação oferecida na família. Esta situação revelaria que a educação religiosa familiar seria frágil e poderia ser superada por valores contrários àqueles professados pelos pais; assim, o internato talvez fosse um contexto que compensaria essa fragilidade e, ao mesmo tempo, evitaria expor os filhos às provas no mundo externo, para as quais não estariam preparados.

Os depoimentos dos pais adventistas evidenciam que o ideal de educação, de acordo com a filosofia cristã, estaria difícil de ser levado a efeito, o que os faria delegar a tarefa ao internato, onde processos proximais, desenvolvidos com outras pessoas em novo contexto e tempo, fariam diferença na educação dos filhos. As dificuldades para manter os filhos dentro da filosofia cristã podem ser identificadas no macrotempo, ou seja, mudanças nas expectativas e nos eventos sociais dentro e através das gerações que afetam o curso da vida das pessoas em desenvolvimento (BRONFENBRENNER & MORRIS, 1998). Assim, possivelmente, as mudanças irão gerar conflitos nas relações entre pais e filhos, o que configura, muitas vezes, um choque de gerações e contestação da autoridade paterna; mais ainda pelo acesso a certo volume e diversidade de informações cada vez maiores e, quase sempre, diferentes e opostas à religião da família. Aparentemente, o internato, enquanto instituição total e disciplinar (GOFFMAN, 2005; FOUCAULT, 2004), isola e filtra elementos discordantes de sua filosofia, tornando-se um espaço protegido, nas palavras de alguns pais, das "más influências" e "da confusão do mundo". Estes pais, embora reconheçam que no internato há problemas, acreditam que, para os filhos, estar nele "ainda é melhor".

Os pais, em suas expectativas, não denotaram conferir ao internato, enquanto "instituição total", um caráter negativo ou desvantajoso. Para eles, o controle e o direcionamento do internato, uma vez em harmonia com os seus valores, constituem um contexto ideal para o desenvolvimento dos filhos. Nesse sentido, a instituição tem uma conotação positiva ante as expectativas familiares, como influência e lugar onde os pais entendem ser bom que os filhos estejam.

Assim, os pais compartilham a educação dos filhos com o internato, desde que lhes seja garantido que a instituição manterá certos padrões e valores, próximos aos que a família estava ou gostaria de estar fornecendo em casa, mas que, por alguma razão, considera mais vantajoso e seguro passar para a responsabilidade de outra instituição. Portanto, embora o internato tenha sido estabelecido como alternativa educacional cristã, para alunos que não dispunham dela próximo aos seus lares, parece ter adquirido uma nova missão na concepção dos pais. Os depoimentos indicam que o internato se transformou no meio de eles tentarem concretizar a tarefa educacional, para a qual se percebem incapazes como família, parcial ou temporariamente, de levar a efeito, em especial nos momentos de crise.

As razões que levam os pais a delegar para o internato, ainda que em parte, a transmissão de valores morais, educativos e religiosos aos filhos, parecem estar relacionadas também à natureza da instituição. Há declarações que revelam a concepção de que o internato funcionará como um contexto social especial, que outorgará aos filhos em desenvolvimento uma identidade consoante aos ideais da família. Em caso de filhos que estejam sob influências de valores e atitudes contrários, o internato é visto como um local transformador, onde as limitações das famílias para formar e modificar a identidade dos filhos serão compensadas. Esta concepção remete-nos mais uma vez a Goffman (2005) e ao poder transformador da instituição total.

Por outro lado, algumas famílias atualmente se percebem incapazes diante do que fazer para educar os filhos. Isso ocorre porque prevalece, em muitos lares, o modelo de autoridade parental rígido, predominante até o século XIX, e que entra em conflito com a mentalidade democrática atual. Ainda nesse sentido, os pais perdem cada vez mais o papel de iniciadores do saber e da capacidade de exercer autoridade. Assim, a presença de novos modelos de relações familiares igualitárias, baseadas mais em desejos do que em regras (PERROT, 1995), faz surgir a necessidade de procurar ajuda para lidar com reações inesperadas de contestação e/ou acomodação dos filhos no processo de educar. Por outro lado, reportando-nos à sociedade de controle mencionada por Deleuze (1992), os pais percebem que a sociedade mais ampla funciona de modo diverso de suas famílias e do internato, daí buscarem na instituição algo que não conseguem em um mundo que não controlam. O internato compensa a impotência da família e a substitui na tarefa que aos pais parece impossível ou difícil de levar a cabo, uma vez que, na instituição, podem ser encontrados a autoridade e o controle que parecem perdidos.

Assim, as mudanças sociais decorrentes daquelas que afetam a intimidade (GIDDENS, 2000) alteram o modelo de família, estabelecendo um choque de gerações. Nesse sentido, a autoridade sobre os filhos foi dividida com o poder público, o qual, através de legislação direcionada à criança e ao adolescente (ECA), regula as ações dos pais em relação aos filhos, levando a um maior compartilhamento das tarefas educativas e de socialização com agências públicas e privadas (PETRINI, 2004). Este é o trabalho que as famílias parecem esperar do internato: uma extensão do seu espaço e atuação num compartilhamento maior do que outras agências se propõem oferecer. Os depoimentos informam que os pais esperam que os filhos recebam cuidado, apoio, tenham segurança e educação religiosa equivalentes ao do ninho familiar.

Outro aspecto sobre o internato, quanto ao fechamento, à proteção e à liberdade, ainda considerando o modelo bioecológico de desenvolvimento, parece ser o de unidade e suficiência: um tipo de microssistema que basta a si mesmo, uma vez que contém, no seu espaço intramuros, todo o conjunto de outros microssistemas, nos quais o estudante necessitaria transitar para desenvolver-se.

O internato, assim, teria um mesossistema próprio e, no seu sistema organizacional mais amplo, seu macrossistema. Suas atividades programadas, regras e rotinas retratam uma tentativa de lidar com o tempo, controlando e regulando-o nas relações com pessoas, coisas e símbolos. Essa unidade teria como objetivo harmonizar os discursos e práticas de modo a convergir e aperfeiçoar os propósitos educacionais da instituição: o esforço máximo na direção da educação integral, pretendida através da natureza unificada e auto-suficiente do internato.

## O internato como fator de crescimento dos filhos

Além de segurança e cuidado do "ninho", as famílias esperam que o internato ensine os filhos a serem "independentes", "responsáveis" e que aprendam a "se virar na vida" e "caminhar sozinhos".

No estudo de Antoneli (1997), o resultado esperado de sucesso na vida civil, numa das instituições pesquisadas, esteve relacionado ao exercício da autoridade orientada para a escolarização formal e treinamento profissional, por meio de uma administração rígida e distante. Este resultado foi diferente na instituição que deu ênfase ao contato afetivo.

Por outro lado, os depoimentos dos dirigentes e internos estabelecem que a permanência harmoniosa com o contexto da escola dependerá da aceitação do aluno de estar no internato. Caso isso não ocorra, o resultado é a evasão do estudante, solicitada ou, às vezes, provocada pelo próprio interno, através de atitudes indisciplinadas, objetivando o desligamento da instituição.

Embora sejam esperadas dificuldades de ajustamento ao novo ambiente ecológico, a permanência do estudante dependerá da sua capacidade de adaptar-se à complexidade da instituição de modo competente. Segundo o modelo bioecológico, as características biopsicológicas e aquelas construídas na interação com o ambiente são importantes para o desenvolvimento da pessoa (CECCONELLO & KOLLER, 2004).

Assim, o desenvolvimento do estudante no internato dependeria, segundo a abordagem bioecológica, das disposições para responder seletivamente ao ambiente físico e social, da tendência para engajar-se em atividades cada vez mais complexas, bem como da capacidade para conceitualizar suas próprias experiências. Caso o novo interno manifeste dificuldades para manter controle sobre o comportamento e as emoções, através de impulsividade, explosões, apatia, desatenção, irresponsabilidade, insegurança e timidez excessiva, estabelecer-se-ia um quadro de sofrimento e de difícil permanência na instituição.

Entre as características biopsicológicas que poderiam favorecer ou dificultar o desenvolvimento do estudante, estariam: dotes e deficiências de natureza física, competências adquiridas no curso de vida da pessoa, atributos pessoais e físicos, modos de ser e características demográficas como idade, gênero e etnia, que produziriam diferenças na direção e força dos processos proximais e seus efeitos no desenvolvimento (CECCONELLO & KOLLER, 2004).

Outro fator importante para o desenvolvimento psicológico dos filhos é a disciplina na escola. Essa, delegada ao internato, aponta para o desejo da família de compensar o esvaziamento da autoridade familiar, centralizada tradicionalmente na figura paterna. Desse modo, o microssistema familiar aparece como enfraquecido em algumas de suas funções tradicionais. Não é incomum, segundo informação dos dirigentes, que os familiares e responsáveis pelos internos, em caso de conduta reprovável pela instituição, reforcem a delegação de tomar medidas disciplinares de acordo com o critério da escola. Essa função paterna também foi freqüentemente mencionada pelos familiares, além dos dirigentes do internato. Os alunos também, nos diálogos mantidos durante a pesquisa, referem-se à autoridade exercida pelo internato, como expectativa de que esse modelo educacional os ensine a obedecer a normas e a amadurecer psicológica e emocionalmente. Ex-internos que visitam o *campus*, e outros que trabalham na instituição, também identificam essa tarefa do internato com uma contribuição para suas vidas, o que corrobora a expectativa familiar.

Esse aspecto de ensinar responsabilidade com o cumprimento de horários, de potencializar as capacidades, de submeter o corpo a renúncias, canalizando as energias para finalidades úteis, foi identificado por Foucault (2004) com característica da sociedade disciplinar e que também se encontra em outras instituições e no internato.

## O internato como desenvolvimento acadêmico

O aspecto acadêmico é outra expectativa familiar quanto ao internato: os horários regulares obrigatórios de estudo, acompanhados por monitores que também podem oferecer reforço nas disciplinas estudadas; a existência de salas de estudo com divisórias individualizadas; o acompanhamento do desempenho quantitativo através dos boletins escolares, registro de ausências e até de ocorrências disciplinares, por parte dos professores e preceptores; a comunicação contínua entre os prédios residenciais e o prédio escolar dentro do próprio *campus*; a proximidade física entre escola, moradia e biblioteca; a possibilidade de perda de privilégios, em caso de falta às aulas, e de prêmios, em caso de estar com tudo em dia. Enfim, o próprio contexto, o acompanhamento institucional ou o exemplo dos colegas que já se encontram no internato favorecem o foco nos estudos e tendem, de acordo com aqueles que acompanham a vida acadêmica dos internos, a melhorar o desempenho escolar.

Outro aspecto que ajuda a vida acadêmica, nesta inserção contextual no internato, é o incentivo ao estudo em grupos nos quartos, em lugar da sala de estudos. Isso constitui uma prática regular, na qual se pode identificar elementos do modelo ecológico (BRONFENBRENNER, 1996) nos processos proximais que ocorrem na interação entre as pessoas, de forma regular, diariamente e durante todo o período de estudos no internato. De acordo com depoimentos de alunos e preceptores, nessa dinâmica, de modo geral, mesmo os internos que possuem resistência às tarefas escolares tendem a passar da observação para o compartilhamento nos estudos e, em seguida, para a aquisição do hábito de estudar, que resultam em melhores notas no boletim escolar.

A influência dessa relação entre pares, com monitores e com o ambiente em geral, contribuiria para a aquisição de novos hábitos e *performances* acadêmicas. Além disso, facilita a adoção ou a confirmação de novos valores e de novas crenças. A escolha do internato pelas famílias insere o aluno num contexto que estimula a adoção de práticas e de atividades ali desenvolvidas, como o hábito de estudar, por exemplo. Algumas dessas atividades tendem a prosseguir mesmo num momento posterior àquele vivenciado em grupo, independentemente da presença dos outros membros, como foi apontado por Bronfenbrenner (1996), referindo-se à atividade molar ou manifestação de competências, como efeito positivo dos processos proximais no desenvolvimento da pessoa.

## 3. Perspectivas dos internos: as fotografias e o grupo focal

A perspectiva dos alunos internos foi obtida através de fotos tiradas e, em seguida, interpretadas por eles mesmos. Foram solicitadas a doze alunos, de ambos os sexos, dez fotos de cada um, perfazendo o total de 120 fotografias, sendo que cada aluno deveria tirar cinco fotos daquilo que mais gostasse na escola e cinco do que menos gostasse. Em seguida, foi pedido que dessem um título a cada foto, dissessem o que nelas lhes chamava a atenção e atribuíssem uma nota de um a cinco a cada aspecto fotografado. As informações dos alunos serviram para identificar e organizar elementos para análise. O grupo focal, por outro lado, foi realizado com onze alunos, também de ambos os sexos.

A partir dos resultados das fotografias e do grupo focal, foi possível identificar elementos ligados ao ambiente escolar que os estudantes consideraram como condições e oportunidades favoráveis à experiência no internato: as condições de estudo, o trabalho, o desenvolvimento pessoal, aprender a se relacionar, trabalhar duro, ser competente e cumprir regras. Achados semelhantes foram também encontrados no Educandário estudado por Antoneli (1997), onde os ex-internos mostraram progresso em termos de escolaridade, renda familiar e sinais de ascensão aos valores da classe média. O internato também foi descrito como alternativa para situações difíceis, transitórias ou permanentes, enfrentadas pela família.

A instituição interna também emerge nos dados das fotos e grupo focal, como um lugar onde, embora os alunos se sintam presos pelas normas e controles externos, paradoxalmente, podem ser independentes. Essa independência aparece em relação ao controle sob o qual se encontravam quando na família de origem. Para eles, a família constitui espaço de controle próximo, enquanto no internato o controle, embora rigoroso, é percebido como mais distante, impessoal, oferecendo oportunidades para o interno tomar suas próprias decisões e organizar sua vida sem a interferência dos pais. Nesse sentido, ressalvando-se as diferenças entre o internato e a família, ambos os contextos aparecem como espaços de poder e de controle, uma noção que aponta para a replicação da estrutura de poder encontrada na família e reproduzida nas instituições sociais (RODRIGUES, 1981), inclusive no internato.

Para os internos, as atividades religiosas no templo do *campus*, enquanto centro da religiosidade do internato, e as praças, onde permanecem sempre que têm oportunidade, foram os dois espaços descritos consistentemente de modo positivo. No caso do templo, essa interpretação positiva ocorreu mesmo para os internos que não são filiados à denominação adventista.

As fotos remeteram às questões do poder e da sexualidade no internato, percebidas pelos internos e apontadas por Foucault (2004); aspectos relativos à administração formal da vida dos internos como de gestão distante e indiferente, alvo dos freqüentes discursos dos alunos, já investigados por Goffman (2005). Por outro lado, o internato aparece como lugar privilegiado para o desenvolvimento em contexto, em que vários elementos podem convergir para o desenvolvimento do aluno (BRONFENBRENNER, 1996), produzindo resultados que sejam permanentes, conforme Antoneli (1997).

Para os internos que professam a religião, o internato foi descrito como lugar onde se encontram a salvo das influências externas, contrárias aos valores e crenças denominacionais. Esta concepção estabelece uma relação entre o internato e o mundo externo como em campos opostos, nos quais forças operam contrárias ou favoráveis à satisfação das necessidades dos indivíduos. Essa idéia de campo remete-nos ao modelo topológico de Lewin, que apresenta as relações do indivíduo no grupo, o qual funciona como "um todo dinâmico" (LEWIN, 1978, p. 100). Este modelo, aplicado ao internato, enquanto espaço de vida dos estudantes, pode ajudar a entender a instituição como um campo de forças favoráveis para a manutenção da religiosidade e valores da escola, em oposição à hostilidade percebida no mundo externo; porém, ao mesmo tempo, dentro deste mesmo campo, atuam forças favoráveis ou não – valências positivas e valências negativas – aos propósitos do internato e às necessidades dos alunos, a depender dos interesses e crenças dos internos, da coerência dos dirigentes e da dinâmica da instituição com as expectativas dos estudantes e das famílias.

A adaptação seria facilitada quando a instituição reproduz valores e práticas semelhantes àquelas vivenciadas em casa, ou experimentadas no comprometimento com as atividades e ensinos da Igreja, antes de chegarem ao colégio. Isso indica que, para esses alunos, as valências positivas, para usar a linguagem de Lewin (1978), podem se sobrepor às negativas, pois, quanto mais próximos do centro de valores e crenças do internato, terão menos conflitos internos e serão menos suscetíveis a pressões externas, particularmente durante a experiência dentro do internato. Isso nos remete, também, a Bronfenbrenner (1996) e à sua concepção ecológica do desenvolvimento: os sistemas ligados entre si interagem e, na medida em que o interno procede de outro sistema alinhado ao internato, no qual se sente confortável (a família da mesma religião, outro internato adventista, ou como membro da Igreja adventista), aumentam as possibilidades de desenvolvimento no internato com menos conflitos.

Assim, as tensões e conflitos gerados nas relações com o mundo externo encontraram alívio no deslocamento para o internato, mas este ambiente não está isento da dinâmica própria dos grupos, apontada por Lewin (1978). Considerando que o grupo é "o solo em que a pessoa se sustenta" (LEWIN,

1978, p. 101), tudo o que afetar o grupo ou ocorrer dentro dele, afetará o indivíduo e vice-versa. Nesse sentido, dentro do internato, os conflitos giram em torno da satisfação, ou não, das necessidades que continuam a existir, e, quando não satisfeitas, essas necessidades se tornam geradoras de tensão e sofrimento. Isso ocorre pela limitação de espaço livre para movimento dos internos, o que dificulta a satisfação de suas vontades.

Outros fatores promotores de tensão, e que resultam em trajetórias não intencionais dentro do internato, são as gestões autocráticas e autoritárias, distantes e insensíveis (GOFFMAN, 2005), que atuam na ausência do diálogo, excluindo os internos das decisões e informações do seu interesse, mesmo quando os discursos institucionais tentam apresentar um quadro diferente. Essa situação pode gerar bloqueios íntimos no interno que, assim, tenta ajustar-se à situação do contexto, resultando em raiva, descarregada com agressões dirigidas àquilo que representa, direta ou indiretamente, a origem percebida da tensão, podendo resultar até no abandono do internato. Assim, na escola, enquanto reprodutora histórica da sociedade, podem ser encontrados os fatores desencadeadores da agressividade dos adolescentes. Sendo assim, embora seja freqüentemente atribuída a uma fase crítica, inerente à etapa da vida em que se encontram, a violência dos adolescentes nas escolas é descrita como sendo de fato resultado de "uma construção social, que repercute tanto sobre as pessoas que atravessam essa fase quanto sobre a sociedade" (MILANI; JESUS; BASTOS, 2006, p. 370). Ainda segundo esses autores, uma escola onde o clima seja de confiança, segurança e diálogo, onde se promova a cooperação em vez da competição, pode favorecer o trabalho pedagógico dos professores e os resultados acadêmicos entre os alunos, contribuindo para o surgimento de uma cultura da paz.

Além da raiva e da agressividade, a transgressão deliberada e desafiadora é uma das possíveis trajetórias decorrentes da situação que limita o espaço livre do estudante, necessário ao seu desenvolvimento (LEWIN, 1978). Outras possíveis trajetórias, também encontradas em relatos dentro do internato, são: depressão, no sentido de auto-anulação, e paralisia, visando a uma acomodação ao contexto. Em situações como essa, entretanto, a acomodação não se dá por falta de reconhecimento da importância dos valores e da dinâmica do internato, mas porque parece ao interno não valer a pena lutar contra o sistema e correr o risco de perder a oportunidade de estar na instituição, restando apenas suportar uma situação indesejável, da qual somente se poderá livrar quando completar os estudos e sair de lá. A paralisia que se instala no estudante o torna passivo e, como tal, objeto, em vez de sujeito do processo desenvolvimental, resultando numa trajetória contrária à filosofia do próprio internato.

Outra possibilidade de trajetória do estudante sob pressão autoritária e com pouco ou nenhum espaço livre para suas decisões e ações é a fuga ou abandono da instituição educativa, conforme apontado por Lewin (1978). Nesse caso, a sensação de fracasso, culpa ou revolta relacionada à vida no internato pode acompanhar as lembranças mesmo do ex-interno, quadro que pode ser agravado em caso de cobrança da família pelo insucesso. A associação do internato com experiências negativas, e o seu conseqüente abandono, pode significar perda de apreço pelo que ele representa, e desconsideração, ainda que parcial, pelo que a instituição pretendeu ensinar. A fuga não constituiria afastamento do espaço físico apenas, mas do que ele representa e propõe como filosofia.

Finalmente, a ausência de diálogo e confiança entre estudantes e dirigentes pode conduzir à dissimulação. Essa postura indica uma trajetória possível, que aparece nos depoimentos, e se traduz numa concordância e obediência aparente por parte dos internos, dentro da instituição ou na presença de seus representantes. Nesse caso, no entanto, mesmo entre os estudantes aparentemente leais às regras da instituição, a concordância com o sistema pode ser acompanhada de transgressão em segredo, levando ao risco de gerar uma dupla moral, uma conduta identificada religiosamente como hipocrisia.

Desse modo, embora o grupo proveja a segurança do indivíduo, "o espaço para movimento livre, no interior de um grupo, é condição de satisfação das necessidades individuais e para a adaptação ao grupo" (LEWIN, 1978, p. 109). A diminuição do espaço livre do interno, a depender das necessidades individuais, que variam de acordo com cada aluno, é um elemento gerador de tensão, interferindo no bem-estar do indivíduo. A questão a que o internato deve responder, bem como qualquer instituição educacional, é como o interno pode satisfazer, suficientemente, as necessidades e desejos sem perder a sua possibilidade de participação e posição no grupo. Para isso, devem ser levadas em consideração as exigências das normas que afetam aspectos particulares que vão além de estudo e trabalho.

As relações dentro do internato com as pessoas, coisas e símbolos, os lugares e suas redes de relações, abrem a possibilidade para trajetórias positivas ou negativas. Segundo Rabinovich (2006),

> [...] a capacidade de afetar o outro, por meio de seus próprios sentimentos, positivos ou negativos, está na base de interações reciprocantes, ou seja, de interações que se tornam relações pelo abrir-se à mudança por meio da mudança provocada no outro. Em termos de uso vulgar, é o que se denominaria amor. Tais relações de afetividade e de mutualidade – que caracterizam os encontros – são as responsáveis por sentimentos de pertença (RABINOVICH, *Com. Pess.*, 2006).

Assim, o que diferenciaria o internato de uma prisão, no sentido de Foucault (2004) e mesmo de Goffman (2005), seria a possibilidade germinadora de um futuro promissor, presente nos pontos de sustentação do internato: Igreja (religião, valores, práticas); Praça (amizades, rede social, namoros); Dormitório (convivência; relacionamento; cuidar de si próprio, vida própria subjetiva); Estudos (vida profissional). Esses pontos foram sistematicamente constantes e congruentes nos relatos das expectativas dos pais e dos alunos.

## 4. Conclusão

Este trabalho procurou identificar o internato com o contexto da prática pedagógica, a partir das perspectivas de pais e estudantes, considerando uma abordagem bioecológica. Nas expectativas dos pais foi possível perceber o internato como espaço valorizado pelas suas possibilidades enquanto contexto que proporciona desenvolvimento acadêmico, social, religioso e psicológico. No entanto, a instituição interna, pelas características de instituição "total" e "disciplinar", estaria na contramão dessas expectativas.

Corroborando o paradoxo acima, os pais esperam desenvolvimento e amadurecimento dos alunos no internato, mas, ao mesmo tempo, também esperam que eles ali estejam até certo ponto fechados e obtenham proteção, elementos que por sua vez parecem incompatíveis com o crescimento e desenvolvimento que procuram para os filhos. No entanto, os recursos procurados no internato pelos pais, enquanto contexto educacional, refletem o potencial desse tipo de instituição para atender a aspectos que tendem a ser desconsiderados pela educação em externatos.

Os elementos buscados pelos pais foram: 1) compensação – diante da competição do mundo externo e da insegurança com os filhos, esses poderiam não seguir os valores aprendidos em casa, o que revela a necessidade de uma escola que respeite a orientação familiar dada aos alunos; 2) ideal de vida – um contexto onde seja respeitada a religiosidade dos estudantes; 3) substituto da família – um espaço mais protegido do que a família e que, apesar do fechamento e da proteção que são antagônicos à independência, é procurado para o amadurecimento dos filhos; 4) fator de crescimento para os filhos – procurado pela disciplina aplicada no novo ambiente, que ensine limites, adaptação e respeito a normas e um estilo de vida independente; e 5) desenvolvimento acadêmico – incentivado pelo contexto e acompanhamento da instituição, num local onde os elementos presentes e a dinâmica favoreçam o sucesso escolar.

No que se refere aos estudantes, o internato é visto como oportunidade para desenvolver-se como pessoa, aprender a se relacionar, trabalhar duro, ser competente e cumprir regras. As atividades religiosas, a qualidade do relacionamento com colegas, professores e dirigentes, além do aspecto acadêmico, apareceram como positivos para os estudantes. No entanto, ao contrário do relacionamento com professores e dirigentes, que nas instituições internas tendem a ser frios, distantes e indiferentes, os estudantes do IAENE manifestam a expectativa de que as relações sejam mais democráticas, próximas e amigas, de modo a se sentirem confiantes e aceitos.

O trabalho sugere a importância da família e dos estudantes como partes integrantes na elaboração do plano de trabalho pedagógico da escola, enquanto interessados e sujeitos do processo. Por outro lado, as expectativas paternas e dos estudantes em relação à escola servem como descritores das necessidades da própria família e do aluno e indicam elementos que podem ajudar na adoção de práticas pedagógicas adequadas. Isso sinaliza a relevância de uma ação educacional que considere a integração das necessidades dos pais e estudantes, os quais, mais do que observadores e objetos, são apontados como sujeitos de um processo, não somente acadêmico e individual, mas também relacional e em contexto.

# Referências

ANTONELI, R. M. *O Educandário e o Sítio Pau d'Alho*: as instituições enquanto contextos de desenvolvimento para crianças e adolescentes. 154 p. Dissertação de Mestrado em Saúde Mental. São Paulo, Faculdade de Medicina de Ribeirão Preto, USP, 1997.

Ariès, P. *Centuries of childhood*: a social history of family life. New York, US, Vintage Books, 1962.

Benelli, S. J. O internato escolar como instituição total: violência e subjetividade. *Psicologia em Estudo*, Maringá, v. 7, n. 2, pp. 19-29, jul./dez. 2002.

_____. Estatuto da Criança e do Adolescente. Lei 8.069, de 13 de julho de 1990. *Diário Oficial [da] República Federativa do Brasil.* Poder Legislativo, Brasília, DF, 16 jul. 1990, p. 13563. Disponível em: <http://www.presidencia.gov.br/CCIVIL/LEIS/L8069.htm>. Acesso em: 20 fev. 2006.

Bronfenbrenner, U. *A ecologia do desenvolvimento humano*: experimentos naturais e planejados. Porto Alegre, Artes Médicas, 1996.

_____; Morris, P. The ecology of developmental processes. In: Damon, W.; Lerner, R. M. (orgs.). *Handbook of child psychology*: theoretical models of human development. 5. ed. New York, NY, J. Wiley & Sons, 1998. v. 1.

BSA – Boarding School History. Disponível em: <http://www.myboardingschool.com/BSHistory.html>. Acesso em: 10 set. 2006.

Cecconello, A. M.; Koller, S. H. Inserção ecológica na comunidade: uma proposta metodológica para estudo de famílias em situação de risco. In: Koller, S. H. (org.). *Ecologia do desenvolvimento humano*: pesquisa e intervenção no Brasil. São Paulo, Casa do Psicólogo, 2004.

Cookson, P. W.; Persell, C. H. *Preparing for power*: america's elite boarding schools. New York, US, Basic Books, 1985.

Deleuze, G. *Conversações*. Rio de Janeiro, Ed. 34, 1992.

Foucault, M. *História da sexualidade I*: a vontade de saber. Rio de Janeiro, Edições Graal, 1977.

_____. *Vigiar e punir*: história da violência nas prisões. Petrópolis, Vozes, 1977.

_____. *Vigiar e punir*: história da violência nas prisões. 28. ed. Petrópolis, Vozes, 2004.

Giddens, A. *A transformação da intimidade*. São Paulo, Unesp, 2000.

Goffman, E. *Asylums*: essays on the social situation of mental patients and others inmates. Doubleday, 1961. [Ed. bras.: *Manicômios, prisões e conventos*. São Paulo, Perspectiva, 2005.]

LEWIN, G. W. (org.). *Problemas de dinâmica de grupo*. 3. ed. São Paulo, Cultrix, 1978.

MILANI, F. M.; JESUS, R. C. D. P.; BASTOS, A. C. S. Cultura de paz e ambiências saudáveis em contextos educacionais: a emergência do adolescente protagonista. *Educação*, Porto Alegre, ano XXIX, n. 2 (59), pp. 369-386, maio/ago. 2006.

MORAIS, N. A. et al. Notas sobre a experiência de vida num internato: aspectos positivos e negativos para o desenvolvimento dos internos. *Psicologia em Estudo*, Maringá, v. 9, n. 3, pp. 379-387, set./dez. 2004.

PERROT, M. et al. *História da vida privada*: da Revolução Francesa à Primeira Guerra. São Paulo, Editora Schwarcz, 1995. v. 4.

PETRINI, C. P. A relação nupcial no contexto das mudanças familiares. In: JACQUET, C.; COSTA, L. F. (orgs.). *Família em mudança*. São Paulo, Companhia Ilimitada, 2004.

RODRIGUES, A. M. Dinâmica grupal e indivíduo no sistema de distribuição de privilégios na família. *Caderno de Pesquisa*, São Paulo, Fundação Getúlio Vargas, n. 37, pp. 52-59, maio 1981.

TABS – The Association of Boarding Schools – History of boarding schools. Disponível em: <http://www.schools.com/about/history.html>. Acesso em: 12 set. 2006.

# A BÊNÇÃO PATERNA

**CAPÍTULO 7**

*Amauri Munguba Cardoso*[*]

---

[*] Mestre em Família na Sociedade Contemporânea (UCSal).

# 1. Introdução

Acuado entre os limites do tempo e o desejo de perenizar-se, o ser humano inventa a cultura e constrói relações que ultrapassam a compreensão exclusiva de qualquer teoria ou enfoque epistemológico específico. Ciente de seus limites e iluminada pela contribuição de outras ciências, a psicologia busca compreender a subjetividade que acompanha e promove os atos concretos e simbólicos típicos da condição humana. Muitos anos de desenvolvimento físico, intelectual e emocional são necessários para assegurar aos indivíduos recursos suficientes à sobrevivência.

Ao deixar o útero materno, os humanos ainda dependem de acolhimento físico e emocional equivalente ao que possuíam antes do nascimento. A família representa a extraordinária invenção cultural incumbida de desempenhar o papel de "útero social" para os recém-chegados ou, pelos menos, uma incubadora onde são amadurecidas as múltiplas faculdades necessárias à sobrevivência. O extraordinário poder de reorganização da família, diante do ambiente que não cessa de mudar, permitiu que permanecesse transmitindo às novas gerações os recursos fundamentais à vida, como refere João Carlos Petrini numa análise recente:

> [...] a família afetada pelas mudanças socioculturais, éticas e religiosas, reage aos condicionamentos externos e, ao mesmo tempo, adapta-se a eles, encontrando novas formas de organização [...]. Na diversidade de modelos permanece o núcleo da família como relação de gêneros, entre identidade e diferença e como relação de gerações. A família é um dos mais importantes pontos de encontro entre natureza e cultura, na qual os aspectos que o ser humano partilha com o mundo animal são organizados segundo um ideal de dignidade e de felicidade, especificamente humanos (PETRINI, 2003, p.5).

No convívio familiar são promovidas estreitas relações entre os gêneros e as gerações e são estabelecidos os vínculos afetivos decisivos à estruturação da personalidade humana. Segundo entendimentos consagrados na psicologia, as imagens parentais são fundamentais para a formação dos filhos e para estabelecer as bases de suas relações com o mundo. Pais e mães, em seus papéis objetivos de proteção e cuidado, são revestidos de significações simbólicas que em muito ultrapassam seus atributos pessoais.

Razões biológicas que ligam a mãe aos filhos fizeram também que fosse excessivamente responsabilizada por seus eventuais percalços na trajetória de desenvolvimento. Onerando a figura materna pela patologia dos filhos, a psicologia do início do século XX terminou por sobrecarregá-la de culpa. Coube à terapia familiar, em meados do século, a tarefa de trazer esclarecimentos importantes sobre a natureza dos vínculos, estruturas e relacionamentos familiares; descrevendo configurações funcionais e disfuncionais, apontando jogos e acordos velados, além de deslindar os meandros da comunicação verbal e não-verbal. A noção de família como sistema semi-aberto e interatuante, constituído por vários subsistemas com fronteiras reguláveis, ampliou a compreensão dos caminhos por onde transitam a saúde e o adoecimento e retirou o foco de sobre a figura da mãe, distribuindo de forma mais justa a responsabilidade entre os integrantes do sistema familiar.

A psicologia analítica criada pelo psiquiatra suíço Carl Gustav Jung (1875-1961), continuando a ser desenvolvida por seus seguidores, com sua visão de profundidade, agregou compreensões singulares aos fenômenos intrapsíquicos da personalidade, sobretudo de suas bases inconsciente, coletivas e *arquetípicas*.

Utilizando ferramentas da psicologia analítica para a tarefa hermenêutica, propõe-se neste trabalho o cotejamento do símbolo paterno, pressupondo que sob os poderes atribuídos ao pai pessoal e às estruturas patriarcais sobejamente reconhecidas da civilização ocidental repousa este símbolo e, através dele, transparecem aspectos numinosos derivados do *arquétipo do pai.*

A análise foi aplicada sobre dois recortes culturais bastante distintos, um das sagas patriarcais colhidas da história hebraica, através dos registros bíblicos, outro da literatura contemporânea, acessada através dos registros autobiográficos de Franz Kafka. A partir destas duas expressões, distantes no tempo, são esquadrinhados alguns dos indicadores da força e dos meios de operação do símbolo e das imagens parentais na vida dos filhos. Como o símbolo é fugidio e inesgotável, não há a pretensão de fixar definições ou elaborar conceitos concludentes.

Para facilitar a compreensão, foram incluídas definições de alguns termos e conceitos básicos da psicologia analítica, sobretudo para que o texto transite no contexto acadêmico multidisciplinar.

## 2. A função simbólica do pai

> O que vemos no processo histórico mundial também acontece em casos individuais. O poder dos pais guia a criança a um destino mais alto. Quando ele cresce, então começa a luta entre a atitude infantil e a consciência em evolução; a influência dos pais, que data do período pré-histórico (infantil), é reprimida e entra no inconsciente. Mas não é eliminada. Dirige com fios invisíveis as criações aparentemente individuais do espírito em amadurecimento (JUNG, 1990, § 739).

Ao postular a existência de um inconsciente coletivo, Jung (1986) estabelece paralelos estreitos entre a história da civilização humana e a trajetória de desenvolvimento dos indivíduos, emparelhando as probabilidades *filogenéticas* com a realidade e as experiências *ontogenéticas*.

É dada ao símbolo do pai a responsabilidade pela instalação do princípio da realidade, patrocinando deste modo a passagem da natureza para a cultura, interrompendo o vínculo simbiótico da humanidade com a natureza, assim como o faz entre a mãe e a criança. Sua origem e atuação representam uma vitória evolutiva decisiva para o psiquismo humano, correspondendo em alguns mitos ao triunfo do herói sobre os monstros primitivos, como dragões e serpentes.

Os arquétipos são, de acordo com a psicologia analítica, fenômenos inacessíveis à experiência imediata dos sentidos e da consciência e, por isso, suas manifestações precisam ser mediadas por símbolos. Esses símbolos atuam como intermediários, fazendo ligação entre realidades inescrutáveis das profundezas do inconsciente com outras, disponíveis para serem tomadas como experiências imediatas.

Jung (1986) afirma que os poderosos significados atribuídos aos pais derivam de conteúdos inconscientes semelhantes a forças vivas que sempre estiveram presentes nos depósitos do *inconsciente coletivo*. O fato de representarem estas *forças arquetípicas* amplia em muito o poder dos pais, transformando-os em símbolos vivos.

> É que por trás de cada pai determinado está sempre a figura eterna do pai, e por trás da atuação passageira de uma mãe real se encontra a figura mágica da mãe absoluta. Esses arquétipos da alma coletiva, cujo poder se acha glorificado nas obras imortais da arte ou nas ardentes profissões de fé das religiões, são também as potências que dominam a alma infantil pré-consciente e, ao serem projetadas, conferem aos pais humanos um fascínio que muitas vezes atinge quase o infinito em grandeza (JUNG, 1986, § 97).

Não apenas o pai como indivíduo, mas o dinamismo paterno arquetípico abre para a criança o *universo do pai*. O *arquétipo do pai*, traduzido e vivenciado através das manifestações recolhidas na interação com o pai real ou seus representantes, contribui para a estruturação do psiquismo da criança, abrindo novos horizontes e possibilidades de desenvolvimento.

O pai é mediador de uma relação, determina em que bases, até que ponto, dentro de que abrangência ou limites, com que regras, com que qualidade de inserção e afastamento, com que métodos, regularidade, finalidades, responsabilidades e objetivos as diversas relações do filho com o mundo, com o outro e consigo mesmo irão se estabelecer. O pai discrimina o mundo em categorias, tornando-o compreensível e, portanto, utilizável; interrompe o que até então era "natural" para instalar o deliberado, o escolhido, o proposital, o eleito, o consciente. E fornece os critérios para tudo isso (LIMA FILHO, 2002, p. 69).

Ao trazer recursos para a discriminação do mundo em categorias separadas e viabilizar a compreensão da realidade trazida para o plano da consciência, o símbolo paterno promove o afastamento do inconsciente. Embora seja o dinamismo paterno que opera a tradução simbólica e não o pai pessoal, na ausência desta referência, nos casos em que o ambiente não proporciona as figuras necessárias para ativar o arquétipo, o filho pode permanecer numa relação indiscriminada com o mundo, sem a possibilidade de se relacionar com ele de modo objetivo.

Separando-se do inconsciente e dos dinamismos matriarcais, o filho pode, então, avançar rumo à participação na coletividade humana, com aptidão para observar os códigos e regras de convivência social. Não apenas a ausência, também a presença disfuncional de figuras paternas representativas contribui para o desenvolvimento de rotas distorcidas, que não ativam plenamente as possibilidades conscientes. Como adverte Lima Filho (2002): "[...] a ausência de um representante do pai é danosa para a personalidade [...] o filho se dilui no lugar de se relacionar com o mundo".

O dinamismo matriarcal responde pelo envolvimento e pela intimidade. O dinamismo patriarcal impõe o desenvolvimento, a separação, a discriminação, a lei, a codificação da realidade, a noção de dever e de cumprimento das tarefas, a organização, a coerência e a lógica. Quando emerge da unidade com a mãe, a criança avança para a condição de sujeito em confronto com o mundo como objeto, passando a estar submetida ao processo de patriarcalização.

Pai e filho operam um sobre o outro como forças arquetípicas, como pólos distintos de uma relação dual. Para a criança, o pai constitui um paradigma para a formação da consciência, como uma autoridade incontestável, evitando que a criança tenha que administrar poderes superiores à sua precária condição de escolha, o que sempre pode ser aplicado de modo indiscriminado e anti-social.

A função simbólica paterna envolve a colocação de limites e a fixação de certos "lugares" que permitem ao filho o acesso ao seu próprio "lugar", concreto e simbólico na genealogia familiar. O vácuo paterno permite uma relação confusa com a realidade, em que prevalece a ilusão da onipotência. A presença e atuação do pai favorecem a conquista da autonomia psíquica e, conseqüentemente, a formação do sujeito, mas o pai atua, sobretudo, através do exemplo. Desde que a criança percebe o pai e a lei como sinônimos, a conduta paterna, ou dos adultos significativos, passa a ser modeladora e normativa, vindo a ser apreendida e internalizada com peso semelhante ao da lei.

## 3. Conceitos da psicologia analítica

### Arquétipo

Antes de as pessoas entrarem em contato com as manifestações concretas da maternidade, da paternidade ou de quaisquer outras expressões fundamentais da existência e do relacionamento humano, já estão em relação inconsciente com *padrões de comportamento* internalizados que apontam suas tendências e possibilidades. Embora se exprimam individualmente, os padrões são impessoais, herdados, acumulados e transmitidos pelas incontáveis gerações anteriores. Essas realidades preexistentes legadas pela alma humana são chamadas de *arquétipos*. "Na minha opinião é um grande equívoco supor que a alma do recém-nascido seja uma tábula rasa, como se não houvesse nada dentro dela" (JUNG, 2000, § 136).

A colaboradora de Jung, Jolande Jacobi (1995), observa que a busca por esboçar o conceito de *arquétipo* consiste numa verdadeira façanha, melhor descrita como uma tentativa de "circunscrever" do que de "descrever", pelo fato de o *arquétipo* representar sempre um enigma profundo que ultrapassa nossa capacidade racional de compreensão.

Ao descrever o percurso histórico e os motivos pelos quais adotou a expressão *arquétipo*, Jung lembra que o termo *archetypus* já se encontrava em Filo Judeu, quando este fez referência à *imago dei* impressa no homem; também em Irineu, quando se referiu à criação do mundo, dizendo que o Criador não fez todas as coisas diretamente a partir de si mesmo, mas copiando-as de outros *arquétipos*. Apoiando-se sobre os argumentos platônicos, Jung esclarece:

> *Archetypus* é uma perífrase explicativa do *eidos* platônico. Para aquilo que nos ocupa, a denominação é precisa e de grande ajuda, pois nos diz que, no concernente aos conteúdos do inconsciente coletivo, estamos tratando de tipos arcaicos – ou melhor – primordiais, isto é, de imagens universais que existiram desde os tempos remotos (JUNG, 2000, § 5).

Como os *arquétipos* pertencem ao reino obscuro denominado *inconsciente coletivo*, ao qual jamais temos acesso direto, é através das suas manifestações na psique que estes poderão ser percebidos. Os *arquétipos* em si mesmos permanecem inacessíveis à psique individual, apenas suas imagens é que são percebidas. Para Jung os arquétipos estão sempre associados a uma dupla característica: são sempre coletivos e permanecem distantes dos domínios da consciência. A imperceptibilidade dos arquétipos é comparada aos raios ultravioleta no espectro do arco-íris.

O arquétipo em si é um fator *psicóide* que, poder-se-ia dizer, pertence à parte ultravioleta do espectro psíquico [...] é preciso estar sempre cônscio de que o que queremos dizer com "arquétipo" é, em si mesmo, inobservável, mas gera efeitos que tornam possíveis as observações, as imagens arquetípicas (JUNG, apud JACOBI, 1995, p. 40).

Jean Chevalier e Alain Gheerbrant (2001) compreendem os arquétipos como *protótipos* de conjuntos de símbolos, tão profundamente gravados e enraizados no inconsciente como *engramas*. Estes operam como *modelos* pré-formados, ordenados (taxonômicos), e ao mesmo tempo capazes de ordenar (teleonômicos). Chegam à consciência através de *símbolos*, como nas imagens dos mitos, contos de fadas, narrativas religiosas ou dos sonhos e fantasias dos indivíduos contemporâneos.

Ao verificar a força extraordinária das imagens materna e paterna sobre a vida psíquica da criança, Jung (1990) reconhece que ela não pode ser propriedade pessoal dos pais, mas patrimônio herdado dos antepassados e que, em lugar de pertencer ou estar submetida a seres humanos individuais, estes é que permanecem a ela sujeitos.

Denominei este modelo instintivo, congênito e preexistente, ou respectivamente o *pattern of behaviour*, de arquétipo. Esta é a imagem carregada com o dinamismo, que não podemos atribuir a um ser humano individual. Se este poder estivesse realmente em nossas mãos, ou sujeito à nossa vontade, ficaríamos tão esmagados pela responsabilidade que ninguém, em sã consciência, ousaria ter filhos. Mas o poder do arquétipo não é controlado por nós, nós é que estamos à disposição dele num grau que nem suspeitamos (JUNG, 1990, § 729).

## Símbolo

Segundo Chevalier e Gheerbrant (2001), uma mudança epistemológica se processa na cultura ocidental desde o final do século XIX. Se, sob a influência do Iluminismo e do Positivismo, os símbolos estiveram pouco acreditados, em parte por estarem associados à imaginação e, portanto, serem tidos como opostos à razão, hoje quase tudo reivindica a qualidade de símbolo.

As palavras de que a consciência dispõe são incapazes de expressar todo o valor de um *símbolo*, surgindo a necessidade complementar do uso de imagens. Ainda que os temas imaginários sejam universais e estejam profundamente enraizados na mente do homem e da mulher, seus sentidos podem ser diversos, conforme os seres humanos, as sociedades a que pertencem, o momento e a situação.

O *símbolo* diferencia-se do *signo*, que é estabelecido por uma convenção arbitrária e que não ultrapassa o nível da significação consciente. Os *signos* são meios de comunicação no plano do conhecimento intelectual, que desempenham o papel de espelho, mas não ultrapassam os limites da representação. Por ser muito mais do que um simples *signo* ou *sinal*, o *símbolo* transcende qualquer significado e depende da interpretação que, por sua vez, depende de certa predisposição do sujeito.

Para o antropólogo Mircea Eliade (1997), os *símbolos* revelam certos aspectos da realidade – *os mais profundos* – e desafiam qualquer outro meio de conhecimento. Ao lado das imagens e dos mitos, os *símbolos* são uma criação da psique endereçada ao preenchimento da necessidade de revelar aspectos e modalidades secretas do ser. É por seu intermédio que se entra em contato com o ser humano em sua essência, em sua condição de "simplesmente ser humano".

Quando, em 1900, Freud publica sua original interpretação dos *símbolos oníricos*, deixa evidente que os via, sobretudo, como um disfarce para burlar a vigilância consciente, mesmo afirmando sua função de ligar conteúdos *manifestos* a conteúdos *latentes*. Diferentemente, Jung (1984) vê os mesmos *símbolos* como um produto legítimo da natureza e não um disfarce. Para ele, só os *símbolos* oferecem a imagem apropriada para designar, da maneira mais adequada possível, a natureza obscuramente pressentida dos conteúdos psíquicos inconscientes ou espirituais.

A necessidade do *símbolo* é permanente e inesgotável, dada a impossibilidade da aparição direta na consciência dos conteúdos vivos que por ele são representados. Tais conteúdos continuam a pertencer à ordem do inefável, pois de outra maneira os *símbolos* perderiam sua função, "morreriam". "O valor do símbolo está na possibilidade de oferecer uma ultrapassagem do conhecido em direção ao desconhecido, do expresso em direção ao inefável. Dessa forma, se o termo oculto vier a se tornar conhecido, o símbolo morrerá" (CHEVALIER & GHEERBRANT, 2001, p. xxii).

Paolo Pieri (2002) descreve a concepção proposta por Jung como uma possibilidade hermenêutica distinta da psicanálise, em que o símbolo verdadeiro, como manifestação do arquétipo, permanece realmente inesgotável.

> Esta concepção se insere na corrente hermenêutica que assume o símbolo no significado de "revelação", diversamente da psicanálise, que o considera no significado de "dissimulação" e "substituição" [...]. Nesta acepção o símbolo permite a evolução do homem no plano consciencial, enquanto vem a prospectar mediante o análogo do objeto do instinto a possibilidade de síntese entre natureza e cultura (PIERI, 2002, p. 459).

Vários autores esclarecem a origem etimológica da expressão "símbolo", lembrando que esta provém do termo grego *symbolon*, que é derivado da junção entre a preposição *sym* e o verbo *ballein*, significando, literalmente: "lançar com", "por junto com" ou simplesmente, "juntar". O símbolo implica primeiramente uma dualidade; depois, uma unificação, comportando as idéias de separação e de união, nas quais duas coisas que se juntam para formar uma única, em acordo com a finalidade prática do ritual que responde por seu sentido original.

Originalmente *symbolon* designava qualquer objeto partido em dois pedaços para uma finalidade precisa: entregues aos parceiros de um contrato, os pedaços permitiam aos dois portadores ou aos seus descendentes o eventual reconhecimento mútuo. A unificação das duas partes nestes casos não se dá por redução à unidade nem mesmo por fusão, mas por um processo de ajustamento. O símbolo separa e une, comportando as duas idéias de separação e de reunião. Aqui se vêem uma dualidade e uma unificação por ajustamento, sem perda da individualidade; todavia, os dois pedaços são feitos para estar juntos. O sentido do símbolo se manifesta simultaneamente em rompimento e união de suas partes separadas (GIRARD, 1997, p. 26).

O processo de simbolização cumpre a tarefa de unir conteúdos inconscientes a elementos da consciência que lhe são correlatos, embora separados, reunindo partes que se ajustam e se completam. Em sua aplicação, não são duas realidades que se unem, porém, dois níveis distintos de uma mesma realidade, sendo que uma se encontra presente no terreno observável (*simbolizante*) e a outra na condição além do observável (*simbolizado*).

## Complexo

Este conceito central da psicologia analítica foi criado por Jung no início de sua carreira médica no Hospital Psiquiátrico Burgholzli, em Zurique. Foi ali que desenvolveu os experimentos que resultaram na elaboração do *Teste de Associação de Palavras*, um instrumento técnico destinado a observar e registrar as variações obtidas nas respostas dadas a um conjunto de "palavras-estímulo". As alterações no tempo médio de resposta, na freqüência cardiorrespiratória e, mais tarde, nos registros galvânicos, levaram Jung (1984) a inferir a existência de conteúdos afetivos subjacentes e responsáveis pelas perturbações, chamando-os de *complexos de tonalidade afetiva*, dotados de forte carga energética e da habilidade autônoma para se manifestar na consciência.

O que é, portanto, cientificamente falando, um "complexo afetivo"? É a imagem de uma determinada situação psíquica de forte carga emocional [...]. Esta imagem é dotada de poderosa coerência interior, tem uma tonalidade própria e goza de um grau relativamente elevado de autonomia, vale dizer: está sujeita ao controle das disposições da consciência até certo limite e, por isso, se comporta, na esfera do consciente, como um corpo estranho, animado de vida própria (JUNG, 1984, § 201).

Sob a ação de um complexo, a consciência passa a experimentar um estado de não-liberdade em função da carga emocional que invade o seu domínio. Para Jung (1984), era simplesmente impossível negar a existência ou a força original de um complexo, pela capacidade de influenciar as disposições da consciência por horas, dias ou semanas, promovendo pensamentos obsessivos ou ações compulsivas.

Os complexos não são necessariamente patológicos, mas podem tornar-se quando permanecem desvinculados do psiquismo consciente: "Um complexo se torna patológico apenas quando pensamos que não o temos" (JUNG, 1997, § 179). Pode ser representado por uma estrutura que possui *casca* e *núcleo*, sendo que no *núcleo* opera especificamente uma *imagem arquetípica*, com a sua forte carga energética, e a *casca* abriga a soma das experiências pessoais obtidas no contato com os conteúdos e as qualidades temáticas do respectivo conteúdo *arquetípico*.

De modo mais detalhado, o *arquétipo paterno* empresta energia e temática ao *núcleo* de um *complexo paterno*, para que a influência deste *arquétipo* se transfira para o inconsciente pessoal do filho. A *imagem arquetípica do pai*, presente no psiquismo inconsciente do filho, é, então, projetada sobre o pai pessoal conferindo-lhe o admirável poder. De maneira inversa, são as experiências concretas ou imaginárias vividas com o pai pessoal, introjetadas, que oferecem qualidade aos registros abrigados na *casca* do complexo paterno. Mesmo levando em conta a realidade apriorística do *arquétipo*, os fatores ambientais possuem interferência importante no desenvolvimento psíquico dos filhos. Eduard Edinger fez a seguinte observação a este respeito:

> Sabemos que o desenvolvimento psicológico não acontece na ausência das relações pessoais. No entanto, ao mesmo tempo, todas as experiências pessoais seguem certos padrões típicos e universalmente humanos que chamamos arquétipos. Embora as formas arquetípicas sejam inatas, seus conteúdos específicos são determinados por fatores pessoais e históricos (EDINGER, 2004, p. 99).

No capítulo intitulado: A importância do pai no destino do indivíduo, Jung (1990) ressalta o valor das pessoas que transmitem, à *alma infantil*, as leis e forças da natureza. Observou em sua vasta experiência clínica que os filhos manifestavam uma espécie de *contágio psíquico*, provocada pelo relacionamento afetivo com os pais, cujas marcas eram difíceis de ser superadas, mesmo ao longo da vida adulta. Graças ao poder do arquétipo sob a imagem dos pais, os filhos assimilam partes da personalidade dos pais.

Não poucas vezes, os pais recebem a projeção que os filhos lançam sobre eles, dando-lhes qualidades sobre-humanas, verdadeiramente extraordinárias e que de fato não lhes pertencem, como observa Jung:

> A imagem do pai possui um poder extraordinário. Ela influencia a vida psíquica de maneira tão forte que não podemos atribuir tal força mágica a um simples ser humano. Obviamente ele a possui, mas a questão é se ela realmente é sua propriedade (JUNG, 1990, § 728).

A figura a seguir representa uma tentativa de demonstrar visualmente e assim facilitar a compreensão de como se relacionam os diversos elementos antes mencionados.

As camadas mais profundas da psique correspondem ao *inconsciente coletivo* e seus respectivos *arquétipos* (**1**), que possuem forte carga energética e tendem a se manifestar no

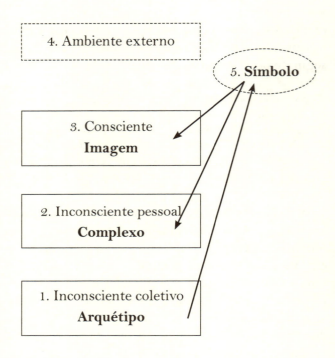

*consciente*. Como este não suportaria o confronto com tais poderes, os *arquétipos* projetam sua *imagem arquetípica* sobre "objetos" que lhe são correspondentes e estão disponíveis no ambiente externo (**4**). Ao receber tais projeções estes "objetos" transformam-se em *símbolos* (**5**), sendo que os registros emocionais recolhidos na interação com estes *símbolos* serão introjetados pela consciência como *imagem* (**3**), e no *inconsciente pessoal* como *complexo* (**2**). Através desse processo, o *símbolo*, que se localiza fora da psique, promove a articulação entre conteúdos psíquicos do *inconsciente* para a *consciência*.

## 4. Complexos paternos e suas manifestações

O poder fatídico do complexo de pai vem do arquétipo e esta é a verdadeira razão por que o *consensus gentium* coloca uma figura divina ou demoníaca no lugar do pai. A pessoa do pai encarna inevitavelmente o arquétipo que empresta a esta imagem o poder fascinante (JUNG, 1990, § 744).

Cargas extraordinárias da *energia psíquica* associada ao *arquétipo do pai* se transferem para o inconsciente pessoal do filho através da relação com os símbolos paternos disponíveis no ambiente. As experiências vividas com as pessoas que "encarnam" estes símbolos criam imagens paternas dotadas de considerável influência sobre a personalidade.

Experiências de aceitação e valorização vividas com o pai, por exemplo, levam o filho a configurar sentimentos de afirmação e valor. Assimilando a aprovação paterna, o *ego* pessoal é levado à sensação de segurança no desempenho das tarefas requeridas pela vida, mas se as experiências internalizadas forem de rejeição ou de desqualificação, o resultado poderá manifestar-se através de intensos sentimentos de menos valia.

O *complexo paterno* corresponde a um dos recursos de que dispõe a personalidade para fomentar seu próprio desenvolvimento e o modo como se relacionará com o ambiente externo. Os analistas constatam, com muita freqüência, que os sentimentos de segurança ou de insegurança manifestos por seus pacientes se relacionam diretamente à tonalidade dos complexos e, conseqüentemente, da imagem paterna internalizada.

A analista junguiana Verena Kast (1995) acompanhou centenas de pessoas cujas biografias e quadros clínicos ofereciam evidências da manifestação de complexos paternos e maternos, verificando que, de modo geral, os transtornos causados por um complexo paterno negativo prejudicam a constituição de um *eu* suficientemente forte.

O complexo do eu de uma pessoa deve desligar-se, "de modo apropriado à idade", dos complexos paternos e maternos, para que ela possa perceber suas tarefas de desenvolvimento apropriadas à idade e ter à sua disposição um complexo do eu coerente – "um eu suficientemente forte" – que lhe permita perceber as exigências da vida, lidar com dificuldades e conseguir certo grau de prazer e satisfação (KAST, 1995, p. 10).

Kast (1995) lembra que, embora não ocorram na personalidade complexos paternos ou maternos puros, quando os registros paternos possuem conotação positiva, os resultados visíveis do *complexo paterno positivo* promovem sentimentos equivalentes aos descritos pela frase bíblica: "Eu e o pai somos um". De acordo com suas observações, sob a ação do *complexo paterno positivo* os filhos tendem a experimentar em sua personalidade:

a) sentimentos de segurança e conforto no desempenho dos papéis masculinos;

b) auto-estima preservada, como quem possui uma "espinha dorsal resistente";

c) boa noção do certo e do errado, inspirada em leis gerais e valores coletivos;

d) aceitação e habilidade para o relacionamento com figuras de autoridade;

e) boa capacidade de adaptação ao mundo exterior, facilitando o sucesso nos empreendimentos profissionais;

f) atitudes firmes na avaliação de outros;

g) facilidade para cumprir tarefas que atraem aprovação e reconhecimento;

h) senso de responsabilidade elevado, acompanhado de desvalorização da fantasia e dos aspectos femininos da personalidade.

O *complexo paterno negativo* deriva da internalização de uma imagem paterna distante, rejeitadora ou ameaçadora, podendo levar os filhos a se tornarem vulneráveis a sentimentos de incompetência e de fracasso, fatores que embaraçam a vida. Os aspectos mais destacados deste complexo concorrem para desenvolver sentimentos de nulidade pessoal, acompanhados das seguintes manifestações:

a) sensações persistentes de solidão;
b) sonhos em que os caminhos próprios de vida estão impedidos;
c) impressão de que o pai é um rival, e exigências jamais poderão ser satisfeitas;
d) sentimentos freqüentes de culpa e vergonha;
e) forte necessidade de obter o reconhecimento de outros homens;
f) auto-estima comprometida, acompanhada de sentimentos de incompetência;
g) a impossibilidade do relacionamento com o pai pode levar ao sentimento generalizado de inaptidão para os relacionamentos humanos;
h) dificuldade de experimentar a sensação de liberdade e alegria.

Segundo as observações de Kast (1995), o fato de serem os pais também portadores de complexos paternos ou maternos, positivos ou negativos, responde por muitas variações, embora tendam a repassar, inconscientemente, para os filhos os complexos nos quais eles próprios estiveram envolvidos, se não foram conscientizados.

## 5. A bênção do pai e os sentidos da paternidade entre os patriarcas hebreus

Os patriarcas hebreus viveram no período arqueológico da Idade do Bronze Médio, entre 2100 e 1500 a.C., estando cerca de quatro mil anos distantes de nosso tempo. A versão dos textos da Bíblia de Jerusalém utilizada neste estudo foi produzida por um grupo de exegetas interconfessionais, respeitando as opções da tradução francesa da École Biblique de Jerusalém, cuja primeira edição foi publicada em 1981.

Abraão, cujo nome em língua hebraica significa "grande pai", é referido como o primeiro e maior dos patriarcas, o fundador da história e da tradição hebraica. Depois da morte do seu pai, que havia deixado a Mesopotâmia rumo à terra de Canaã, mas se detivera na localidade intermediária de Harã, Abraão recebeu o chamado divino para continuar a migração. O texto bíblico introduz a narrativa sobre o patriarca com as seguintes palavras:

> Iahweh disse a Abrão: "Sai da tua terra, da tua parentela e da casa de teu pai, para a terra que te mostrarei. Eu farei de ti um grande povo, eu te abençoarei, engrandecerei teu nome; sê tu uma bênção! Abençoarei os que te abençoarem e amaldiçoarei os que te amaldiçoarem. Por ti serão benditos todos os clãs da terra" (Gênesis 12,1-3).

Segundo o teólogo Albrecht Alt (apud GERSTENBER-GER, 1981), naqueles primórdios da história, Javé representava uma das muitas divindades patriarcais conhecidas, mas, com o passar dos anos, tornou-se a divindade nacional dos hebreus, passando a ser referido mais precisamente como *o Deus de Abraão, de Isaac e de Jacó.*

Mesmo antes de ter filhos biológicos, Abraão encabeçava um clã poderoso que atravessou a terra de Canaã de norte a sul, chegando ao Egito (Gênesis 12,10), de onde retornou "muito rico em rebanhos, prata e ouro". Considerando sua esterilidade e a idade avançada, Sarai, sua esposa, exigiu que se deitasse com uma das servas para dar-lhe descendência. A egípcia Agar concebeu e, mais tarde, deu à luz Ismael. Por sentir que a serva "começou a olhar a sua senhora com desprezo" (Gênesis 16,4), arrependida, Sarai passou a maltratar a serva, forçando-a a deixar a casa.

Anos mais tarde, houve o nascimento tão esperado de Isaac, *o filho da promessa* (Gênesis 21,5), e, logo após, Sarai insistiu para que Abraão se livrasse de Ismael, temendo a rivalidade fraterna. Depois de despedir Ismael, Abraão foi exposto a sua mais árdua experiência, relatada no texto bíblico nos seguintes termos: "Toma teu filho, teu filho único, que amas, Isaac, e vai à terra de Moriá, e lá o oferecerás em holocausto" (Gênesis 22,2).

De modo dramático, Abraão foi levado a reconhecer que Isaac, o filho desejado e gerado por ele e Sarai, de fato, não lhe pertencia, mas representava uma dádiva divina confiada aos seus cuidados temporários. A história deixa transparecer a face cultural da paternidade e a magnitude dos seus poderes, sobressaindo-se em muito às qualidades próprias do pai pessoal.

Pouco se conta sobre a infância de Isaac, além do nascimento na velhice dos pais, das brincadeiras com o seu meio irmão Ismael que irritaram Sarai e da experiência do quase sacrifício. Só volta a ser mencionado aos 40 anos, quando foi levado ao casamento, sob nítida condução paterna, com sua prima Rebeca (Gênesis 24,1-66).

Isaac e Rebeca, vinte anos após o casamento, geraram gêmeos. Esaú foi o primeiro a nascer, ruivo e peludo, seguido por Jacó que o segurava pelo calcanhar (Gênesis 25,24-25). Os meninos cresceram: "Esaú tornou-se hábil caçador, correndo a estepe; Jacó era um homem tranqüilo, morando sob tendas" (Gênesis 25,27). A trajetória adulta destes irmãos foi marcada pela competição que os afastou totalmente um do outro. A responsabilidade pelo distanciamento dos gêmeos se deveu em grande medida às preferências parentais: "Isaac preferia Esaú, porque apreciava a caça, mas Rebeca preferia Jacó" (Gênesis 25,28).

A rivalidade e as disputas fraternas giravam em torno dos dois símbolos patriarcais mais importantes da época: a *primogenitura*, posição que conferia privilégios especiais de acesso à herança, e a *bênção paterna*. Numa ocasião, Jacó aproveitou-se da fome de Esaú para subtrair-lhe o direito à primogenitura, em troca de pão e um cozido de lentilhas (Gênesis 25,29-34); mais tarde, com auxílio da mãe, interceptou a *bênção paterna* que por direito pertencia ao irmão (Gênesis 27,1-43). Descrito inicialmente como um homem pacato e caseiro, Jacó destacou-se pela astúcia.

O impacto da bênção proferida por engano sobre Jacó e a reação de Esaú concorrem para dimensionar o valor atribuído naqueles dias aos atos simbólicos desempenhados pelo pai. Sua bênção equivalia à bênção divina, e suas palavras possuíam o peso de um oráculo. A *Bíblia de Jerusalém* comenta sobre o texto: "As bênçãos como as maldições, uma vez pronunciadas, são eficazes e irrevogáveis". Quando Esaú reivindicou sua bênção ao pai, este lhe disse: "Teu irmão veio com astúcia e tomou tua bênção" (Gênesis 27,35). Inconformado, Esaú suplicou: "Não reservaste nenhuma bênção para mim? [...] É, pois, tua única bênção, meu pai? Abençoa-me também, meu pai!". O texto, então, arremata com uma imagem dramática: "Isaac ficou silencioso e Esaú se pôs a chorar" (Gênesis 27,38).

Quando fugia da terra natal para escapar à ira do irmão, Jacó teve uma marcante experiência mística que o preparou para dar continuidade à tradição patriarcal. Tudo se tornou evidente para ele através de um sonho em que teve a seguinte visão: uma escada se erguia sobre a terra e seu topo atingia o céu, e os anjos de Deus subiam e desciam por ela (cf. Gênesis 28,12).

Foi nessa ocasião que, à semelhança de Abraão, Jacó recebeu seu próprio chamado, e todas as promessas feitas por Javé a Abraão e transmitidas a Isaac, por meio da bênção paterna, foram por ele assumidas. Assim, Jacó deu plena continuidade à trajetória simbólica iniciada pelo avô. Outra experiência teofânica ocorreu anos mais tarde, quando Jacó se preparava para o temido reencontro com o irmão, ocasião em que passou a noite lutando com uma criatura desconhecida, descrita como um anjo, que só se retirou pela manhã, depois de proferir uma bênção sobre o adversário (Gênesis 32,23-33). Assim como a experiência inicial de Jacó se deu na primeira noite após sua fuga de casa, esta outra ocorreu na última noite, antes do regresso à sua terra, compondo ritos de transição cheios de significado para sua trajetória pessoal.

Depois da luta e, sobretudo, da bênção recebida, o nome de Jacó foi mudado para Israel, indicando a transformação obtida em sua personalidade, pois Israel quer dizer: "Ele foi forte contra Deus" ou simplesmente "vencedor". Depois de lutar, Jacó-Israel estava apto para o encontro com Esaú, sem sucumbir ao medo ou à culpa, embora ambos pudessem estar presentes naquela situação. A descrição do encontro dos gêmeos transborda de emoção e alegria: "Por sete vezes prostrou-se em terra, antes de abordar seu irmão. Mas este, correndo ao seu encontro, tomou-o em seus braços, arrojou-se-lhe ao pescoço e, chorando, o beijou" (Gênesis 33,3-4).

Harold Kushner (2004) lembra que Jacó é a primeira pessoa citada na Bíblia que se apaixonou por uma mulher e desejou casar-se com ela, sugerindo que até então os homens "tomavam" esposas para si sem qualquer envolvimento emocional. O fato mais marcante, porém, na vida deste patriarca foi sua luta pela apropriação da *bênção paterna*. Depois de usurpá-la, Jacó levou anos amadurecendo e se debatendo com figuras masculinas de autoridade, até tornar-se capaz da legítima apropriação. Dentre os patriarcas, desponta como aquele que construiu relacionamentos mais íntimos e pessoais com os filhos, que vieram a se tornar, ao lado dos netos Efraim e Manassés, os cabeças das doze tribos que fundaram a nação de Israel.

# 6. O poder da imagem paterna na contemporaneidade, através da obra literária *Carta ao pai*, de Franz Kafka

O advento da modernidade alterou praticamente todas as expressões de dependência do pensamento teológico, de Deus, da autoridade do papa e da Igreja, dando à ciência uma expansão jamais imaginada e oferecendo à humanidade recursos de validade inquestionável, além da capacidade de produzir e multiplicar recursos materiais de modo exponencial.

A família não escapou ao impacto e às influências dessas profundas mudanças sociais e culturais. Os comportamentos familiares sedimentados e sustentados por séculos tornaram-se arcaicos, e a família entrou em crise. No interior da família, a figura paterna foi a que se tornou alvo de maior desgaste e das maiores resistências. "Foi criticada, de modo especial, a figura do pai, como autoritário e repressor" (PETRINI, 2003, p. 58).

Além das evidências literárias e psicológicas, análises antropológicas e sociológicas da atualidade apontam para a presença cada vez mais disseminada de um sinal que caracteriza a cultura contemporânea. Monsenhor Ângelo Scola (2003) reconhece e aponta, entre os sinais da decadência vivida pela cultura ocidental, "o eclipse da paternidade". Percebe que, sob este sinal, reside o incontrolável impulso para a liberdade que se encontra presente em todas as manifestações de dependência, especialmente naquelas que se referem à figura do pai, como um mal. "O eclipse da paternidade corrói diretamente a percepção da realidade que o sujeito possui, gerando uma angústia mortal, devido à pretensão prometéica do filho" (SCOLA, 2003, p. 311).

A interferência e as alterações sofridas pela imagem paterna no período contemporâneo podem ser notadas no desenvolvimento de algumas das principais elaborações filosóficas e psicológicas que marcaram o final do século XIX e o século XX. O pai esteve presente, ora atuando nos bastidores, ora como protagonista da cena principal, mas por seus poderes repousarem sobre bases arquetípicas, ainda que socialmente afetados, são decisivos na estruturação da personalidade dos filhos.

No final da primeira década do século XX, o escritor tcheco Franz Kafka, aos 36 anos, redigiu uma carta que endereçou ao pai, e na qual fazia o desabafo de um filho exaurido sob o peso de sua imagem. Com o texto, trinta anos mais tarde publicado sob o título *Carta ao pai* (2001), Kafka prestou um inestimável auxílio à compreensão das vivências afetivas do filho impactado pela imagem paterna hiperexigente e rejeitadora.

Algumas citações extraídas da *Carta* permitem dimensionar seus sentimentos e, sobretudo, o impacto exercido pela imagem paterna configurada por ele na infância, corroborando as afirmações da psicologia analítica sobre os poderes simbólicos e arquetípicos associados à figura parental:

a) "Querido pai: você me perguntou recentemente por que eu afirmo ter medo de você. Como de costume, não soube responder, em parte justamente por causa do medo que tenho de você [...]. E se aqui tento responder por escrito [...] Também ao escrever o medo e suas conseqüências me inibem diante de você" (p. 7).

b) "Seja como for, éramos tão diferentes e nessa diferença tão perigosos um para o outro [...] Poderia supor que você simplesmente me esmagaria sob os pés e que não sobraria nada de mim" (p. 10).

c) "A impossibilidade do intercâmbio tranqüilo teve uma outra conseqüência muito natural: desaprendi a falar [...]. Na sua presença adquiri um modo de falar entrecortado, gaguejante; para você isso era demais, finalmente silenciei, a princípio talvez por teimosia, mais tarde porque não podia pensar ou falar" (pp. 21-22).

d) "Por todos lados eu desembocava na culpa [...]" (p. 30).

e) "Eu perdia a autoconfiança, que foi substituída por uma ilimitada consciência de culpa" (p. 44).

f) "Com sua antipatia você atingiu, de modo mais certeiro, a minha atividade de escritor [...]. Aqui me havia distanciado com certa autonomia, embora lembrasse um pouco aquela minhoca que, esmagada por um pé na parte de trás, se liberta com a parte dianteira e se arrasta para o lado" (p. 51).

g) "Meus escritos tratavam de você, neles eu expunha as queixas que não podia fazer no seu peito. Eram uma despedida intencionalmente prolongada de você" (p. 52).

h) "Por que não me casei? [...] Do ponto de vista espiritual, sou manifestamente incapaz de me casar [...]. A partir do momento que decido me casar, não consigo dormir, a cabeça arde dia e noite. É a pressão generalizada do medo, da fraqueza, do autodesprezo" (p. 66). "[...] Agora case sem ficar louco!" (p. 71).

i) "O que me arrebata é capaz de deixá-lo quase insensível e vice-versa; o que em você é inocência, em mim pode ser culpa e vice-versa; o que para você não tem conseqüência, pode ser a tampa do meu caixão" (p. 60).

O conteúdo desta obra é indiscutivelmente marcado pelo impacto da imagem do pai, tornando-se, por isso, uma evidência história capaz de testemunhar e de descrever com minúcias a atuação do *complexo paterno negativo*, permitindo a verificação de seus efeitos devastadores sobre a vida emocional do filho. A biografia de Kafka comprova os prejuízos que se estenderam sobre sua capacidade realizadora, e como esta experiência relacional influenciou, inclusive, o conteúdo de seus produtos literários. A carta, escrita como um desabafo pessoal, na tentativa de tornar sua vida mais leve, após suspender pela segunda vez um casamento, foi entregue à mãe para que desse ao pai. A mãe não a entregou e o pai jamais leu. Kafka faleceu aos 41 anos, e nove anos mais tarde sua carta, transformada em livro, foi publicada.

# 7. Considerações finais

A relação pai/filho revela uma experiência humana repleta de complexidades por abrigar intensos afetos pessoais, além de responder a amplas expectativas culturais. A despeito das circunstâncias culturais, o percurso natural dessa relação aponta para a radical inversão de papéis entre os participantes da díade. Da total dependência física, emocional e social, os filhos se desenvolvem em direção à autonomia. Mais tarde, possuindo pleno vigor físico, além de outras aquisições, tornam-se capazes, inclusive, de prover e cuidar fisicamente dos seus próprios pais, enquanto a energia destes declina.

A inversão das respectivas curvas vitais requer constantes adaptações de ambas as partes, num delicado equilíbrio entre as gerações. Se, inicialmente, os pais devem acolher, proteger e nutrir seus filhos, a consciência da própria transitoriedade exige que estes estabeleçam como meta investir no desenvolvimento dos seus descendentes, pois, mesmo quando desejados, os filhos possuem aspirações que os levam a trilhar caminhos próprios e rumos que escapam ao controle paterno.

A dramaticidade da relação paterno-filial é intensificada pelas funções inerentes ao papel paterno: a interrupção do vínculo simbiótico existente entre a criança e sua mãe e a promoção de atos de interdição e de controle. Ao expulsar os filhos do "paraíso" e obrigá-los a percorrer os caminhos do desenvolvimento, os pais desfazem a possibilidade de estagnação no conforto da infância, exigindo o esforço do crescimento. Os filhos frágeis necessitam de proteção e segurança paternas, mas, devido à perda dos seus privilégios, podem imaginá-los como "entidades devoradoras", à semelhança das imagens mitológicas dos primeiros pais gregos.

Do ponto de vista psíquico, demonstram-se relevantes as afirmações de C. G. Jung quanto ao peso inegável que a imagem paterna impõe aos filhos.

> As possibilidades do arquétipo, para o bem ou para o mal, superam de longe nossas capacidades humanas, e um homem só pode apropriar-se do seu poder identificando-se com o demônio, isto é, deixando-se possuir por ele, mas neste caso o homem se perde. O poder fatídico do complexo de pai vem do arquétipo, e esta é a verdadeira razão por que o *consensus gentium* coloca uma figura divina ou demoníaca no lugar do pai. A pessoa do pai encarna inevitavelmente o arquétipo que empresta a esta imagem o poder fascinante.

O arquétipo atua como um amplificador, aumentando acima da medida os efeitos que procedem do pai [...] (JUNG, 1990, § 774).

Nem a omissão nem a ausência paterna não desfazem as expectativas que permanecem vivas no psiquismo dos filhos. Necessidades e desejos que emergem do inconsciente destes desconhecem o fato de estarem ou não seus pais em condições de atendê-los. São assaz poderosas as disposições inatas que os impelem a buscar os "objetos" para acolher os apelos que não construíram e as exigências internas que não conseguem silenciar. Arranjos psíquicos imemoriais emergem espontaneamente do inconsciente coletivo, com intensidade que independe das circunstâncias culturais. Por isso, mesmo que imagem, funções e prerrogativas sociais paternas estejam em constante alteração, elas continuam a ser destinatárias de certos desejos e fantasias específicas que emergem da alma dos filhos.

A imagem arquetípica do pai, com suas propriedades coletivas e atemporais, manifesta a imperiosa tendência a produzir símbolos transformadores da energia psíquica do arquétipo que está destinada a dinamizar toda a personalidade. Todo *arquétipo* contém polaridades opostas, e as imagens dos pais estão sempre sujeitas a ativar uma delas, positiva ou negativa, estruturando por conseqüência os complexos paternos positivos ou negativos.

O conceito de *complexo*, tal como formulado pela psicologia analítica, oferece uma referência teórica útil na compreensão dos efeitos importantes e de longa duração deixados pelo bem ou malsucedido processo de formação do símbolo paterno na personalidade dos filhos. Um *complexo paterno positivo* parece corresponder, para o filho, à certeza de ter assegurada para si a *bênção paterna*.

A ação do *complexo paterno negativo* introduz a sensação de impotência, enquanto o complexo paterno positivo promove uma adequada noção de potência pessoal. Destinos mais favoráveis e a experiência natural de confiança na vida tornam-se acessíveis, apenas, aos filhos que desfrutam de algo equivalente à *bênção do pai.*

A *bênção paterna,* como bem testifica o texto hebraico antigo, garante ao filho o ingresso em territórios de vida em que se sente emocional e espiritualmente seguro. A bênção propiciava aprovação natural e sobrenatural, uma vez que o patriarca estava coberto por uma divindade local e agia como seu representante. A bênção retirava do filho a insegurança da "orfandade", introduzindo-o na esteira de continuidade da vida do pai e dos favores paternos, agregando prerrogativas intransferíveis e irrevogáveis, semelhantes às de um oráculo.

As sagas patriarcais revelam imagens paternas poderosas e predominantemente positivas. Nas atuações de Abraão, Isaac e Jacó, prevalecem os atos de valorização filial e de cuidado paterno, deixando as expressões negativas em segundo plano, a exemplo do episódio em que Abraão expulsou o filho Ismael para o deserto. De modo geral, os patriarcas hebreus consideravam os filhos como dádivas divinas, desejando-os, suplicando por eles e recebendo-os com alegria, pois estes representavam tanto a garantia de continuidade das gerações como o meio de estabelecer o nome e a memória do patriarca no tempo e na história.

Parece evidente que, sem uma boa imagem paterna, o desenvolvimento integral de um filho pode ser embaraçado. Ausência, omissão e rejeição parental deixam insatisfeitos os imperativos que impelem os filhos a "vestirem" o arquétipo do pai com uma boa imagem. Sendo o pai pessoal o modelo masculino fundamental para identificação do filho, sua ausência ou o fracasso na relação com ele pode deixar embaraços na estruturação da identidade sexual e no desempenho dos papéis sociais masculinos.

O texto recheado de referências biográficas de Franz Kafka é, em si mesmo, uma triste demonstração do gigantesco poder psíquico associado ao pai pessoal, com muitas de suas implicações negativas. A carta descreve com riqueza de detalhes a anatomia de um *complexo paterno negativo*, equivalente conceitual à experiência bíblica de não receber a *bênção paterna* e, conseqüentemente, permanecer na orfandade simbólica.

Essas realidades convidam pais e filhos à reflexão. Cabe aos filhos aceitarem os insuperáveis limites humanos dos pais, bem como sua ingrata função de estabelecer balizas normativas para a existência autônoma.

Os pais são chamados à humildade. No desempenho da tarefa paterna, devem estar cientes de que jamais corresponderão integralmente à grandiosidade das expectativas e ao peso da imagem idealizada que sobre eles projetam os filhos.

De um lado, os pais encarnam símbolos incomensuráveis, de outro, os filhos têm uma sede irreprimível de símbolos. Na relação concreta e real ambos têm a oportunidade de descobrir, entre erros e acertos, os caminhos de desenvolvimento para si mesmos e para seus descendentes.

## Referências

A Bíblia de Jerusalém. São Paulo, Paulinas, 1981.

Anatrella, T. Crise de la Paternité. Anthropotes. *Rivista di Studi Sulla Persona e la Famiglia*, Istituto Giovanni Paolo II per Studi su Matrimonio e Famiglia, v. 2, 1996.

Arana, Andrés. *Para compreender o Livro do Gênesis*. São Paulo, Paulinas, 2003.

Bright, Jonh. *História de Israel*. São Paulo, Paulus, 1980.

Cavalcanti, Raïssa. *O mundo do Pai*. São Paulo, Cultrix, 1996.

Chevalier, Jean; Gheerbrant, Alan. *Dicionário de símbolos*. São Paulo, José Olympio, 2001.

Clements, Ronald. *O mundo do Antigo Israel*. São Paulo, Paulus, 1995.

EDINGER, Edward. *Bíblia e psique*: simbolismo da individuação no Antigo Testamento. São Paulo, Paulinas, 1990.

_____. *Ciência da alma*. São Paulo, Paulus, 2004.

_____. *Ego e arquétipo*. São Paulo, Cultrix, 1995.

ELIADE, Mircea. *Imagens e símbolos*: ensaio sobre o simbolismo mágico-religioso. São Paulo, Martins Fontes, 1991.

GERSTENBERGER, Erhard (org.). *Deus no Antigo Testamento*. São Paulo, Aste, 1981.

GIRARD, Marc. *Os símbolos na Bíblia*. São Paulo, Paulus, 1997.

GOTTWALD, Norman. *As tribos de Iahweh*. São Paulo, Paulinas, 1986.

_____. *Introdução socioliterária à Bíblia hebraica*. Paulus, São Paulo, 1988.

JACOBI, Jolande. *Complexo, arquétipo, símbolo, na psicologia de C. G. Jung*. São Paulo, Cultrix, 1995.

JUNG, Carl. A dinâmica do inconsciente. In: *Obras completas*. Petrópolis, Vozes, 1984. v. 8.

_____. Arquétipos do inconsciente coletivo. In: *Obras completas*. Petrópolis, Vozes, 2000. v. 9.

_____. Estudos sobre psicologia analítica. In: *Obras completas*. Petrópolis, Vozes, 1981. v. 7.

_____. Freud e a psicanálise. In: *Obras completas*. Petrópolis, Vozes, 1990. v. 4.

_____. O desenvolvimento da personalidade. In: *Obras completas*. Petrópolis, Vozes, 1986. v. 17.

_____. *O homem e seus símbolos*. Rio de Janeiro, Nova Fronteira, 1996.

_____. Tipos psicológicos. In: *Obras completas*. Petrópolis, Vozes, 1991. v. 6.

KAFKA, Franz. *Carta ao pai*. São Paulo, Companhia das Letras, 1997.

KAST, Verena. *Pais e filhos, mães e filhas*. São Paulo, Loyola, 1995.

KUSHNER, Harold. *Que tipo de pessoa você quer ser*. Rio de Janeiro, Sextante, 2004.

LIMA FILHO, Alberto. *O pai e a psique.* São Paulo, Paulus, 2002.

MORANDÉ, P. La imagen del padre en la cultura de la postmodernidad. *Anthropotes: Rivista di Studi Sulla Persona e la Famiglia,* Istituto Giovanni Paolo II per Studi su Matrimonio e Famiglia, v. 2, 1996.

PETRINI, João Carlos. *Pós-modernidade e família:* um itinerário de compreensão. Bauru-SP, Edusc, 2003.

PIERI, Paolo. *Dicionário junguiano.* São Paulo, Paulus, 2002.

SCOLA, Ângelo. *O mistério nupcial.* Bauru-SP, Edusc, 2003.

# O DESCOMPASSO ENTRE A FUNÇÃO PARENTAL E A DUPLA CARREIRA DOS PAIS*

CAPÍTULO 8

*Célia Nunes Silva*\*\*
*Sílvia Maria Guerra Anastácio*\*\*\*

---

\* Trabalho apresentado no V Congresso Brasileiro de Terapia Familiar – SSA, agosto 2002.

\*\* Professora do Departamento de Neuropsiquiatria da Faculdade de Medicina da UFBA e do Curso de Especialização em Terapia Familiar (UCSal).

\*\*\* Doutora em Semiótica e aluna do Curso de Especialização em Terapia Familiar (UCSAL), atua como professora do Departamento de Germânicas do Instituto de Letras da UFBA.

# 1. Introdução

As turbulências econômicas e sociais ocorridas nas últimas décadas têm repercutido sobre a vida da família. Os padrões familiares têm-se alterado, então, em decorrência de uma série de fatores interconexos, tais como: os movimentos de industrialização e urbanização; o aumento da diversidade cultural; um maior distanciamento entre ricos e pobres; o envelhecimento da sociedade; o movimento de igualdade e justiça para as mulheres, homossexuais masculinos e femininos, ou pessoas negras. Passou-se, então, a optar por famílias menores, tem-se registrado maior índice de divórcios, menor conexão com a família extensa e com a rede social de apoio, além de maior porcentagem de abuso e negligência infantil. Embora não possamos desconsiderar a possibilidade de que haja agora melhor registro de abuso e negligência infantil.

Com todas estas modificações, o modelo idealizado dos anos 1950, de uma família branca, de classe média, intacta, chefiada por um pai provedor e cuidada por uma mãe dona de casa, está desaparecendo. No seu lugar, tem surgido a "família pós-moderna", envolvendo estruturas e culturas familiares múltiplas: mães trabalhadoras, famílias de dois salários, de pais solteiros ou divorciados, de homossexuais e famílias recasadas. Os índices de casamento e nascimento vêm diminuindo cada vez mais, além do que muitos jovens preferem conviver juntos sob o mesmo teto, antes de assumirem o compromisso do casamento.

Famílias de "dois cheques" hoje constituem a norma prevalecente e correspondem a dois terços das famílias intactas. A divisão tradicional de papéis de gênero não é mais preponderante, em face das aspirações profissionais da mulher, do divórcio e das pressões econômicas, que levaram 70% das mães a engrossarem a força de trabalho (WALSH, 1998).

Mais adultos estão morando sós e, também, mais deles ainda permanecem com seus pais. Além disso, o casamento tem sido posposto. Pais sozinhos (tanto não-casados como divorciados) são uma realidade corriqueira; nos EUA, cerca de metade das crianças e mais de 60% das crianças pobres vivem parte de suas infâncias em famílias monoparentais.

Uma série de premissas tradicionais acerca do desenvolvimento da mulher permitiu o aparecimento de preconceitos sobre a "família normal", que freqüentemente patologizam ou distorcem as relações familiares, dificultando a adaptação a um mundo globalizado que tem requerido da família diversas modificações e criado tensões desnecessárias para o seu ajuste ao mundo moderno (BOSS & WEINER, 1988).

## 2. Premissas tradicionais sobre o desenvolvimento da mulher

Dentre essas premissas, destacam-se as seguintes: logo de início, a primazia dos interesses alheios, pois uma mãe nunca deve dizer "não" a uma solicitação de ajuda vinda de sua família. Segundo esta premissa, o papel da mãe é cuidar das relações afetivas da família e, se o sistema estiver emocionalmente conturbado, a culpa lhe será atribuída; logo, cabe-lhe cuidar da criança, da criada e da cozinha. Espera-se que se realize através do sucesso do marido e dos filhos, sendo o maior valor da mulher saber doar-se. Então, costumam perguntar-se constantemente: "Estou me doando o bastante?"; "Deveria me doar mais?"; "Será que eu poderia ter evitado algum conflito se tivesse me doado mais?". Responder às necessidades dos outros pode ser gratificante às mulheres, mas o preço que pagam é ter que depender dos outros, em particular dos maridos, para desfrutar de poder, *status* e autoridade fora do lar (WALTERS et al., 1988, p. 227). Já que a cultura ocidental não valoriza a administração do lar e a criação dos filhos, a avaliação da mulher termina sendo subestimada quando comparada à dos homens, detentores de valores mais reverenciados na sociedade; essa auto-imagem dos homens, ao contrário, conecta-se com o fazer e com o êxito no mundo do trabalho.

Assim, sob esta ótica, uma mulher sem marido e filhos não pode realizar-se. Portanto, espera-se que ela demonstre especial interesse e dedicação pela felicidade e satisfação alheias, como condição de aperfeiçoamento pessoal. Se a mulher centrar a sua atenção no próprio desenvolvimento, será julgada egoísta e narcisista, mas a sociedade, em contrapartida, admira sua dedicação total em atender às necessidades dos outros (especialmente do marido e dos filhos), mesmo que isto lhe imponha um alto custo pessoal. Sob tal premissa, o estabelecer limites entre a mulher e sua família é inaceitável, bem como contabilizar as renúncias e sacrifícios a ela solicitados. Apesar de tudo, a mulher ainda é criticada por depender do marido ou dos filhos quanto à sua identidade como mulher. Logo, faça o que fizer, está sempre errada.

A segunda premissa reconhece a mulher como inferior ao homem. Ela constitui o sexo frágil, portanto não se encontra preparada, como os homens, para realizar grandes conquistas. Por isso, acredita-se que sempre necessita de ajuda e, no caso de ser competente, seu êxito deve-se ao auxílio que talvez tenha recebido de algum homem. Para não mencionar que, se for bem-sucedida, terá, provavelmente, a sua feminilidade posta sob suspeita.

A terceira premissa consiste em considerar a mulher como assexuada. Esta premissa supõe que a mulher deve atrair um homem e conceber filhos, porém sem revelar nenhum interesse pela sexualidade, pois, caso expresse tal interesse, será rotulada de "excessivamente sexual". Por outro lado, se não manifestar nenhum interesse, qualificam-na como frígida. No casamento, deve satisfazer às necessidades sexuais do marido, podendo até, em particular, ser uma companheira sexual interessada e ativa, contanto que não demonstre a sua sexualidade aos demais.

A quarta premissa vê a mulher acima de tudo como mãe. A maternidade é o seu papel principal e, conforme esta premissa, ela deve centrar a sua atenção no filho para assegurar o bem-estar dele. Portanto, a conduta do filho resulta do comportamento da mãe, que desempenha um papel expressivo na família, enquanto o pai assume um papel transitório, funcional, e seu valor está situado fora da família, no mundo do trabalho.

Essa diferenciação rígida permite ao homem liberar-se para ingressar no seu trabalho, desembaraçado das responsabilidades domésticas, do manejo do lar e do clima afetivo da família.

De fato, tendo sido educadas sob tais paradigmas, não é de estranhar que as mulheres baseiem sua auto-estima na opinião de um marido ou amante, fundamentando sua autovalorização na aprovação proveniente de fontes externas, em geral, masculinas. Estas premissas, por outro lado, mostram-se bastante ambivalentes, pois, ao mesmo tempo que a mulher é estimulada para que centre sua atenção nos outros e não em si mesma, ela também se vê criticada por depender de seu marido ou dos filhos.

## 3. Arranjos conjugais causados pela inserção da mulher no mercado de trabalho

Em decorrência das mudanças ocorridas na sociedade, a mulher foi compelida a trabalhar fora, buscando articular valores pessoais, profissionais e relacionais. Mas, tendo sido socializados de formas distintas, homens e mulheres casados enfrentam desafios diversos para combinar as suas demandas de trabalho com a vida conjugal e familiar. Assim, o tipo de inserção da mulher no mercado de trabalho pode gerar arranjos diversos de relações conjugais.

O primeiro arranjo matrimonial possível é aquele no qual a mulher não mantém nenhum vínculo empregatício. O homem, neste caso, exerce a função de provedor financeiro da família. Este é o conhecido casamento tradicional, cada vez mais raro na sociedade moderna. Uma variação desse arranjo tradicional são os casais em que o homem tem uma situação geralmente de poder e projeção, como é o caso de políticos, empresários, e em que a mulher "trabalha" para construir o avanço da carreira do esposo. Na literatura internacional, tais casais são chamados de *two person career couples*, que significa o investimento de duas pessoas numa carreira única (DINIZ, 1999).

Numa situação intermediária, estão os casais em que a mulher trabalha fora em tempo parcial, ou exerce função remunerada a partir do próprio lar, ou exerce atividade remunerada ocasional, tipo *free-lance*. Estes dois arranjos têm a preocupação de conciliar o trabalho remunerado com o papel tradicionalmente atribuído à mulher, de educar os filhos e administrar o lar.

A terceira situação ocorre quando ambos os cônjuges trabalham fora em tempo integral. Neste caso, três possibilidades podem ocorrer: os casais de duplo trabalho, os de dupla carreira e os casais mistos. Duplo trabalho (*dual work*) é o termo usado para referir-se aos casais que trabalham fora em tempo integral, em atividades que geralmente não requerem alto grau de instrução e estão motivados especialmente por razões financeiras. Enquadram-se, nesta categoria, todas as profissões que, após a jornada diária de trabalho, não requerem mais nenhum investimento por parte da pessoa que a exerce, a qual fica livre para cuidar de outras áreas da vida. Nos casais de dupla carreira (*dual-career*), ambos os esposos exercem profissões que exigem etapas de desenvolvimento e progressão e um alto grau de instrução e treinamento, de comprometimento com o trabalho e de reciclagem constante. Se, por um lado, são profissões que tendem a ser mais bem remuneradas, a conferir maior poder e *status* social, por outro lado, as demandas do trabalho com freqüência invadem diversas áreas da vida do indivíduo. É o caso dos profissionais liberais: médicos advogados, dentistas etc. (DINIZ, 1999).

O termo "casais mistos" tem sido usado para designar casais em que um cônjuge pode estar envolvido com uma carreira e o outro, geralmente a esposa, com um trabalho. Se é o homem quem possui a carreira, existe maior conformidade de papéis à norma social, já que ele ocupa posição de maior destaque. Entretanto, se é a mulher quem possui a carreira, o arranjo foge da norma socialmente preconizada e pode gerar mais conflitos, e estes casais tendem a maior probabilidade de separação.

Assim, combinar trabalho com vida pessoal, conjugal e familiar significa um afastamento dos papéis de gênero tradicionalmente estabelecidos, o que exige dos envolvidos maior flexibilidade para questionar a socialização de gênero e construir novos modelos de conduta. Apesar de ser geralmente aceito que ambos os cônjuges tenham uma atividade profissional, quer em turno integral, quer reduzido, a combinação entre profissão, responsabilidades domésticas e parentalidade tem-se mostrado desafiante.

Observou-se que os contextos em que esses casais estão inseridos podem influenciar nas crenças sobre gênero. Fatores como a conversão religiosa, a mobilidade econômico-financeira da família e a etnia podem incitar um reexame das crenças e valores defendidos pelos membros da família (BREULIN et al., 2000). Além disso, as mudanças no ciclo vital deverão propiciar oportunidades diversas para um reexame das crenças e valores introjetados pelos casais, podendo ocorrer uma flutuação de tais valores nas diferentes transições do ciclo de vida.

Assim, um casal sem filhos pode assumir determinado discurso, certa posição em relação aos papéis e às expectativas de gênero. Mas ter um filho pode provocar o abandono de uma posição mais igualitária, pois há falta de apoio social que permita à mulher continuar trabalhando, com a certeza de que seu filho esteja bem cuidado. Em conseqüência da falta de apoio social, esta mulher pode decidir até ficar em casa e assumir o papel de cuidadora, adiando seu objetivo de trabalhar fora. Aliás, o próprio casamento faz com que o casal mude seus valores, e os cônjuges passam a ajustar-se um ao outro. À medida que se forem acomodando entre si, especialmente no que se refere às crenças, deverá ocorrer uma mudança rumo a uma relação mais tradicional ou mais igualitária. Também, quando atingem a meia-idade, os parceiros podem recontar suas histórias de vida, com maior conscientização de gênero, ou retomar modos de pensar e comportamentos mais tradicionais.

A cultura em que a família está inserida é um outro fator que influencia os valores por ela adotados, em relação à questão de gênero. De sorte que uma família vivendo em uma cidade grande pode mudar-se para uma cidade pequena, e a falta de apoio nesse novo contexto irá requerer atitudes mais tradicionais para que os seus membros se adéqüem ao novo ambiente. Logo, como se pode perceber, as questões relativas ao gênero são complexas e demandam muita flexibilidade para ser contornadas e revistas.

## 4. Uma revisão das premissas, dos mitos e dos arranjos conjugais

O mito de que homens e mulheres atingiram a igualdade no que diz respeito às questões domésticas tem sido questionado por estudos que mostram que as mulheres ainda arcam com a maior parte das tarefas domésticas, incluindo a educação dos filhos, ao voltarem para casa depois de um dia cansativo de trabalho. Arlie Hochshild põe fim ao mito de que as mulheres anseiam passar mais tempo com suas famílias em seu livro *The time bind: when work becomes home and home becomes work* (1997) (apud PAPP, 2002). O estudo mostra que muitas mães preferem estar no trabalho do que em casa e, de fato, até vão para o emprego mais cedo só para sair de casa. Descrevem o trabalho como o lugar onde se sentem bem-vindas, valorizadas, amadas e apoiadas. O problema, contudo, é que, se homens e mulheres saem de casa, quem se encarrega dos filhos e vai educá-los?

É freqüente os casais se separarem depois do nascimento do primeiro filho. Questões referentes à cooperação e divisão das tarefas domésticas são um pivô na vida dos casais. Gottman e Silver, no seu livro *Sete princípios para o casamento dar certo*, citam que "[...] para as mulheres, um homem disposto a executar tarefas domésticas é algo extremamente erótico". Quando o marido coopera na organização doméstica, ele e a esposa relatam uma vida sexual mais satisfatória do que nos casamentos em que a esposa acha que o marido não está fazendo o que lhe cabe (GOTTMAN & SILVER, 2000). Quando o marido não faz a parte que lhe cabe dos afazeres domésticos, a mulher geralmente se sente desrespeitada e sem apoio. Isto inevitavelmente gera ressentimentos e menos satisfação no casamento. Muitos maridos não entendem por que os afazeres domésticos têm tanta importância para as mulheres, e talvez não sejam desleixados de propósito. Mas a questão é que muitos foram criados em lares tradicionais, nos quais não cabia ao pai nenhuma tarefa doméstica. Os tempos são outros, embora antigas tradições persistam. Faz-se necessário rever as premissas tradicionais e substituí-las por novas mais funcionais.

Assim, revendo as premissas tradicionais do desenvolvimento da mulher e atualizando-as em face das novas exigências dos tempos modernos, pode-se dizer que:

- primeiro, é saudável que, às vezes, a mulher se negue a dedicar-se aos demais. Não há nenhuma razão para a mulher ser a única responsável pelo bem-estar emocional dos filhos e de seus pais e sogros idosos. Tampouco existe motivo algum que impeça que os homens, tanto crianças como adultos, desempenhem tarefas de cuidar e educar. Necessita-se de uma nova flexibilidade nas atitudes dos homens e das mulheres com respeito à fixação de limites no que se refere à dedicação aos outros;

- segundo, em vez de se enfatizar a rotulação das mulheres como o sexo frágil, é mais salutar dizer que homens e mulheres, jovens ou velhos, ocasionalmente podem necessitar de ajuda; devem ser capazes de pedi-la e aceitá-la de uma pessoa do sexo oposto, sem sanções negativas nem sentimentos de vergonha ou ridículo. Eventualmente, todos podem necessitar de alguma ajuda, e a dependência esporádica não é uma condição exclusivamente feminina;

- terceiro, o desenvolvimento sexual de homens e mulheres é estimulado por fatores biológicos e ambientais. Assim, homens e mulheres se interessam por sexo, mas a socialização e o reforço podem influir sobre esse interesse de maneira positiva ou negativa em ambos os gêneros. Não há razão de se condenar mais a esposa que o marido, por ocasião de haver recusa sexual ou eventuais relacionamentos extraconjugais. De qualquer modo, os comportamentos são similares para ambos os cônjuges;

- por último, uma família com um delineamento rígido de papéis, em que a mãe desempenha um papel expressivo, e o pai, um papel instrumental, é um sistema frágil porque depende da presença constante de ambos os genitores. Se um ou outro está ausente por doença, exigências de trabalho, morte ou divórcio, haverá uma estrutura familiar deficitária ou uma família desfeita. No entanto, presume-se que, no caso de haver dois genitores interatuando física e emocionalmente na família, este lar poderá funcionar bem, desde que fique claro "quem está dentro da família e quem está fora dela". Assim, a mãe não precisa sentir-se culpada se tiver de se ausentar do lar, inclusive por motivo de trabalho, contanto que alguém esteja em casa protegendo seus filhos pequenos. Desse modo, percebe-se que a independência e autovaloração da mulher não ameaçam o funcionamento da família; mas, quando o seu papel de cuidadora vem complementado pelo crescimento pessoal e profissional, bem como por sua autovaloração, irá gerar uma interação equilibrada e respeitosa entre os membros da família (BOSS & WEINER, 1988).

## 5. Conclusão

Um casal funciona melhor quando cada cônjuge apóia e valoriza as suas características, bem como seus aspectos criativos de forma recíproca e eqüitativa. Pesquisas sobre os processos familiares têm enfatizado a importância de papéis flexíveis para promover o crescimento de ambos os parceiros, comprovando-se que as famílias funcionam melhor quando mostram menos estereótipos relacionados ao gênero. Enquanto o pós-modernismo defende a idéia de que a realidade é uma construção social concretizada através das histórias ou narrativas contadas por cada um, acrescente-se a esta hipótese a proposição de que a realidade familiar pode ser transformada se os seus membros tiverem a oportunidade de reescrever suas narrativas pessoais. De modo que é importante para a mulher construir novos enredos em que os parceiros assumam uma posição igualitária, sem sentimento de culpa e sem ter de aceitar um papel desvalorizado. Logo, as novas histórias estão aí, esperando para serem contadas e recontadas, desejando-se que a mulher se livre do estigma de que, faça o que fizer, está sempre errada. De fato, se os parceiros conseguirem descartar essa ambivalência, homens e mulheres poderão desfrutar melhor a companhia um do outro, sem a inútil pretensão de que um é melhor que o outro.

## Referências

BOSS, P; WEINER, J. P. Reconsideración de las premisas sobre el desarrollo de la mujer y la terapia familiar. In: FALICOV, C. J. (org.). *Transiciones de la familia*: continuidad y cambio en el ciclo de vida. Buenos Aires, Amorrortu, 1988. pp. 331-353.

BREUNLIN, D. C.; SCHWARTZ, R. C.; KUNE-KARRER, B. M. *Metaconceitos*: transcendendo os modelos de terapia familiar. Porto Alegre, Artmed, 2000.

DINIZ, G. R. S. Homens e mulheres frente à interação casamento-trabalho: aspectos da realidade brasileira. In: *Casal e família*: entre a tradição e a transformação. Rio de Janeiro, Nau, 1999.

GOTTMAN, J. M.; SILVER, N. *Sete princípios para o casamento dar certo*. Rio de Janeiro, Objetiva, 2000.

PAPP, P. Novas diretrizes para o terapeuta. In: PAPP, P. (org.). *Casais em perigo*: novas diretrizes para terapeutas. Porto Alegre, Artmed, 2002. pp. 13 -39.

WALSH, F. *Strengthening family resilience*. New York, The Guilford Press, 1998.

WALTERS, M. et al. *La red invisible*: pautas vinculadas al género en las relaciones familiares. Buenos Aires, Paidós, 1988.

# A TEORIA DE URIE BRONFENBRENNER: UMA TEORIA CONTEXTUALISTA?

**CAPÍTULO 9**

*Jonathan Tudge*[*]

---

[*] Professor da Universidade da Carolina do Norte, em Greensboro, EUA. O autor agradece: ao Programa de Pós-Graduação em Psicologia da UFRGS, pelo convite para participar do Programa como professor visitante (2006-2007); à Capes, pelo apoio financeiro; e à Universidade da Carolina do Norte, pelo ano sabático.

O objetivo deste capítulo é explicar por que a teoria de Bronfenbrenner é contextualista, embora ela não preencha todos os requisitos do contextualismo. Deste ponto de vista, a sua principal falha é que Bronfenbrenner não considerou suficientemente as variações culturais que existem no mundo. Para ser mais preciso, ele não avançou o bastante em seu pensamento para ir além da idéia de que o "bom" desenvolvimento é mais bem caracterizado pelas práticas das famílias da classe média norte-americana.

## 1. Contextualismo

O contextualismo é uma das três principais visões de mundo (PEPPER, 1942) ou paradigmas (KUHN, 1962) dentro dos quais é possível encontrar-se as mais importantes teorias da psicologia e do desenvolvimento humano (ver, por exemplo, DA SILVA, 1998; ECKENSBERGER, 2002; GOLDHABER, 2000; KUCZYNSKI & DALY, 2003; OVERTON, 1984). Os outros dois paradigmas são o mecanicismo e o organicismo. Pepper atribuiu uma metáfora básica para cada um desses paradigmas – a máquina no caso do mecanicismo, o corpo humano para o organicismo e o "evento histórico" para o contextualismo. A metáfora do contextualismo é enganadora; Pepper (1942) definiu-a, de fato, como "o evento vivo em sua atualidade" (p. 232). Assim sendo, para ele, o mais importante é o que está *atualmente* acontecendo. Eventos históricos "são semelhantes aos eventos na trama de um romance ou drama. Eles são literalmente os acontecimentos da vida" (p. 233).

Cada um desses paradigmas tem sua própria ontologia (ou visão a respeito da realidade), sua própria epistemologia (ou visão sobre a natureza do conhecimento e a relação entre aquele que conhece e aquilo que é conhecido) e sua particular metodologia (ou visão sobre como é melhor estudar algum aspecto do mundo). O contextualismo diverge mais claramente do mecanicismo em termos ontológicos, epistemológicos e metodológicos. O mecanicismo é um paradigma positivista, de acordo com o qual existe uma única realidade e, embora mecanicistas não mais acreditem que aspectos da realidade possam ser comprovados, eles sustentam que métodos adequadamente concebidos podem, ao menos, refutar visões incorretas da realidade. Os métodos usados pelos mecanicistas visam controlar cuidadosamente a influência do contexto ou do pesquisador e, portanto, freqüentemente são experimentais (nos quais todos os aspectos do contexto mantêm-se constantes, exceto aqueles cuja influência causal está sendo testada) ou envolvem questionários fechados (com escolha de respostas predeterminadas). Estes métodos são concebidos para permitir o teste de hipóteses causais.

Ao contrário, o contextualismo é um paradigma dialético, no qual o conhecimento é entendido como uma construção social e o que é visto como "realidade" depende, em parte, da cultura, da história e do poder. Não há, portanto, uma única realidade para ser conhecida, mas múltiplas realidades. Neste paradigma, os indivíduos não podem ser separados de seus contextos para serem estudados, e o conhecimento é obtido através de um processo co-construtivo, envolvendo ambos, o pesquisador e o participante da pesquisa. Assim, os métodos usados pelos contextualistas geralmente consistem em estudos dos indivíduos em seus próprios contextos e entrevistas abertas. Como em qualquer abordagem dialética, simples relações de causa-efeito não podem ser descobertas, porque todos os aspectos da situação (o contexto e os indivíduos, inclusive o pesquisador dentro do contexto) influenciam-se mutuamente. É importante esclarecer que, apesar do nome, teorias contextualistas não são teorias sobre como o contexto determina o desenvolvimento, mas sobre como o desenvolvimento emerge da inter-relação entre indivíduo e contexto.

O organicismo é muito mais próximo do contextualismo que do mecanicismo, com uma epistemologia que é também dialética e métodos que não buscam criar uma clara separação seja entre o indivíduo e o contexto, seja entre o participante e o pesquisador. É ao nível ontológico que se encontra a principal diferença entre o organicismo e o contextualismo. Os organicistas acreditam que o desenvolvimento ocorre em determinada ordem em direção a um estado final definido. Isto não significa que todos os indivíduos chegarão a esse ponto, mas se as condições forem favoráveis, ele será atingido. Pelo contrário, os contextualistas acreditam que o ponto final do desenvolvimento pode apenas ser descrito em relação a valores, crenças e práticas da cultura estudada em determinado período histórico.

Segundo Goldhaber (2000) e outros, a teoria da aprendizagem, a teoria sociocognitiva, a teoria do processamento da informação e a genética do comportamento são as principais teorias psicológicas e do desenvolvimento humano do paradigma mecanicista; Freud, Erikson e Piaget são vistos, em geral, como representantes importantes do paradigma organicista; Vygotsky e Bronfenbrenner são os teóricos contextualistas mais conhecidos.

## 2. A teoria de Bronfenbrenner

Quais são as razões para se pensar que a teoria de Bronfenbrenner é contextualista? Como eu mostrarei nas próximas páginas, a sua teoria é claramente dialética, visto que ele postulava que as atividades e interações que ocorrem regularmente, referidas como as "engrenagens principais do desenvolvimento" (BRONFENBRENNER, 2001/2005a, p. 6), são simultaneamente influenciadas tanto pelos indivíduos envolvidos quanto pelo contexto. Além disso, o fato de que Bronfenbrenner enfocou as interações e os eventos cotidianos exemplifica claramente a metáfora básica do contextualismo.

Em 1979, quando Bronfenbrenner escreveu seu livro *A ecologia do desenvolvimento humano*, a maior parte dos psicólogos norte-americanos estava muito mais preocupada com fatores individuais do desenvolvimento que com influências contextuais no desenvolvimento. Como opositor a essa tendência predominante, Bronfenbrenner (1979/1996) enfocou amplamente vários aspectos do contexto. Provavelmente por esta razão, a maioria dos autores norte-americanos que citam seu trabalho continua a escrever como se sua teoria tratasse das influências do contexto no desenvolvimento, em vez de considerá-la uma teoria contextualista. Bronfenbrenner nunca acreditou que o contexto determina o desenvolvimento; ele sempre usou as palavras "ecologia" ou "ecológico" para ressaltar a interdependência indivíduo/contexto, a essência de sua teoria (TUDGE et al., 1999; TUDGE; GRAY; HOGAN, 1997).

Nas décadas posteriores, durante as quais Bronfenbrenner ampliou a sua abordagem, a teoria tornou-se associada ao que ele denominou o "modelo PPCT" do desenvolvimento. Esse modelo requer que os pesquisadores considerem as inter-relações entre quatro conceitos-chave: Processo, Pessoa, Contexto e Tempo.

*Processos proximais.* O primeiro destes, os "processos proximais", exerce um papel crucial (as "engrenagens principais") no desenvolvimento. Os processos proximais destacam-se em duas "proposições" centrais que aparecem em várias publicações de Bronfenbrenner. A primeira afirma que:

> [...] o desenvolvimento humano ocorre através de processos progressivamente mais complexos de interações recíprocas entre um organismo humano biopsicológico ativo, em evolução, e as pessoas, objetos e símbolos em seu ambiente externo imediato. Para ser eficaz, a interação deve ocorrer com bastante regularidade durante períodos extensos de *tempo*. Tais formas perduráveis de interação no ambiente imediato são referidas como *processos proximais* (BRONFENBRENNER & MORRIS, 1998, p. 996, itálicos no original).

Os exemplos que ele apresentou ("brincando com uma criança pequena; atividades entre crianças; brincadeiras em grupo ou individuais, ler, aprender novas habilidades" etc.) são justamente os tipos de "eventos históricos" de Pepper (1942). Eles constituem as engrenagens do desenvolvimento, porque é engajando-se nessas atividades e interações que o indivíduo torna-se capaz de dar sentido ao seu mundo, entender o seu lugar neste mundo e, ao mesmo tempo que nele ocupa um lugar, transforma-o.

Bronfenbrenner (talvez respondendo ao fato de que continuou sendo citado como um teórico do contexto) tornou cada vez mais explícito que os processos proximais são um conceito-chave para a teoria, mas a sua natureza varia de acordo com o indivíduo e o contexto, tanto espacial quanto temporal (BRONFENBRENNER, 1995, 1999, 2001/2005b; BRONFENBRENER & EVANS, 2000; BRONFENBRENNER & MORRIS, 1998). Como ele explicou em sua segunda proposição:

> A forma, o vigor, o conteúdo e a direção dos processos proximais que levam a cabo o desenvolvimento variam sistematicamente como uma função conjunta das características da *pessoa que se desenvolve*; do *ambiente* – tanto imediato quanto mais distante – no qual os processos ocorrem; da natureza dos aspectos do desenvolvimento estudados e das continuidades e mudanças sociais que acontecem ao longo do *tempo* no curso de vida e no período histórico durante o qual a pessoa viveu (BRONFENBRENNER & MORRIS, 1998, p. 996, itálicos no original).

Bronfenbrenner afirmou que essas duas proposições são teoricamente interdependentes e sujeitas à prova empírica. Um método de pesquisa que permita investigá-las simultaneamente é referido como um *modelo Processo-Pessoa-Contexto-Tempo* (PPCT, abreviadamente) (BRONFENBRENNER & MORRIS, 1998, p. 996).

*A pessoa.* No que diz respeito à pessoa, Bronfenbrenner reconheceu a relevância dos fatores biológicos e genéticos no desenvolvimento (BRONFENBRENNER, 2001/2005b;

BRONFENBRENNER & CECI, 1994). No entanto, ele deu mais atenção, especialmente em seus artigos publicados nos anos 1990 (BRONFENBRENNER, 1993, 1995; BRONFEN-BRENNER & MORRIS, 1998), às características pessoais que os indivíduos trazem com eles para qualquer situação social. Ele dividiu essas características em três tipos, as quais ele denominou características de demanda, recurso e força. *Características de demanda* são aquelas às quais ele se referiu, em seus primeiros trabalhos, como características de "estímulo pessoal"; aquelas que agem como um estímulo imediato para outra pessoa, tais como idade, gênero, cor da pele, aparência física etc. Essas características podem influenciar as interações iniciais em função das expectativas que se formam instantaneamente. *Características de recurso*, pelo contrário, não são imediatamente aparentes, embora às vezes sejam inferidas, em graus diversos, das características de demanda que são percebidas. São características parcialmente relacionadas com recursos cognitivos e emocionais (por exemplo, experiências passadas, habilidades e nível de inteligência), e também com recursos sociais e materiais (por exemplo, acesso a boa comida, moradia, cuidado parental, oportunidades educacionais apropriadas a uma determinada sociedade etc.). Finalmente, *características de força* são aquelas relacionadas às diferenças de temperamento, motivação, persistência etc. De acordo com Bronfenbrenner, duas crianças podem ter as mesmas características de recurso, mas seguirem trajetórias bem diferentes, se uma delas for motivada a ser bem-sucedida e persistir nas tarefas, enquanto a outra, não sendo motivada, não persistir.

Assim, longe de ser um teórico sobre as influências contextuais no desenvolvimento, Bronfenbrenner forneceu uma idéia clara de como indivíduos mudam seu contexto: ou de uma forma relativamente passiva (uma pessoa muda o ambiente simplesmente por nele estar, visto que outros a ele ou ela reagem diferentemente, em função de sua idade, gênero, cor da pele etc.), ou de uma maneira mais ativa (as formas pelas quais a pessoa muda o ambiente estão relacionadas aos recursos físicos, mentais e emocionais que ele ou ela têm disponíveis), ou de uma forma ainda mais ativa (o quanto uma pessoa muda o ambiente está relacionado, em parte, com o seu desejo ou esforço para fazê-lo).

*Contexto.* O ambiente, ou contexto, envolve quatro sistemas inter-relacionados: do imediato (o microssistema, no qual a pessoa em desenvolvimento passa boa parte do tempo engajada em atividades e interações) ao distante (o macrossistema, o equivalente à cultura). Bronfenbrenner também escreveu acerca das inter-relações entre os vários microssistemas (tais como: casa, escola, grupo de pares etc.), nos quais os indivíduos passam uma quantidade de tempo significativa (o mesossistema). Além disso, ele descreveu aqueles contextos nos quais os indivíduos, cujo desenvolvimento está sendo estudado, não estão situados de fato, mas os quais exercem importante influência indireta sobre o desenvolvimento desses indivíduos (o exossistema).

Em vez de usar a tradicional, mas incorreta, representação do contexto – os anéis concêntricos –, a Figura 1 mostra que os processos proximais envolvem uma pessoa em desenvolvimento (P) interagindo com outros indivíduos, objetos e símbolos dentro de um determinado microssistema. O mesossistema diz respeito às relações entre dois ou mais microssistemas. Os outros dois sistemas (exossistema e macrossistema) são representados com linhas pontilhadas para indicar que as influências sobre a pessoa em desenvolvimento são indiretas. Um exemplo do efeito do exossistema poderia ser o seguinte: uma mãe tem-se estressado particularmente no trabalho e, em função disso, irrita-se mais que usualmente com seu filho, quando chega em casa. O local de trabalho da mãe é um exossistema para o filho, pois ele não passa tempo algum lá, mas tem influência indireta sobre ele.

Por fim, Bronfenbrenner (1993) definiu o macrossistema como um contexto englobando qualquer grupo ("cultura, subcultura ou outra estrutura social ampla"), cujos membros compartilham sistemas de valores ou crenças, "recursos, riscos, estilos de vida, oportunidades, escolhas ao longo da vida e padrões de intercâmbio social" (p. 25). O macrossistema envolve os demais sistemas, influenciando (e sendo influenciado por) todos eles. Determinado grupo social pode compartilhar um conjunto de valores, mas para que qualquer sistema de valores específico exerça influência sobre uma pessoa em desenvolvimento é necessário que seja experienciado em um ou mais dos microssistemas nos quais ela esteja situada. Macrossistemas, assim como os indivíduos em desenvolvimento dentro deles, estão sempre mudando. Bronfenbrenner escreveu sobre os efeitos do cronossistema (mudanças que ocorrem por causa de importantes eventos sociopolíticos ou econômicos que influenciam profundamente o macrossistema). Todavia, a transformação do macrossistema também ocorre, porque cada nova geração nunca imita exatamente as práticas ou aceita cegamente os valores e crenças da ge-

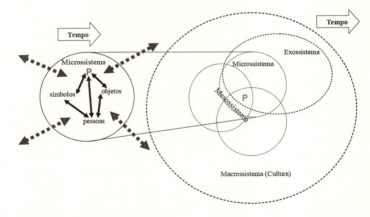

Figura 1 – O modelo PPCT de Urie Bronfenbrenner. A *Pessoa* (P) ativa engajada em *Processos proximais* com pessoas, símbolos e objetos dentro de um microssistema, em interação com outros *Contextos*, incluindo tanto continuidade quanto mudança ao longo do *Tempo* (TUDGE, no prelo).

ração precedente. Os membros de determinada geração buscam transmitir valores, crenças e práticas sociais à próxima geração, no curso dos processos proximais, mas esta última sempre os transforma na medida em que deles se apropria (TUDGE, no prelo).

*Tempo.* O elemento final do modelo PPCT é o tempo. Como é próprio a qualquer teoria do *desenvolvimento* humano, o tempo tem um papel crucial. Da mesma forma que tanto os fatores do contexto quanto os fatores individuais são divididos em subfatores, Bronfenbrenner e Morris (1998) escreveram acerca do tempo, incluindo o microtempo (ou seja, o que está ocorrendo durante determinada atividade ou interação), o mesotempo (ou seja, em que medida atividades e interações ocorrem com freqüência no ambiente imediato da pessoa em desenvolvimento) e o macrotempo (ou cronossistema, para usar o termo que Bronfenbrenner havia usado anteriormente). O último termo refere-se ao fato de que os processos de desenvolvimento, em geral, variam de acordo com eventos históricos singulares que estão ocorrendo quando os indivíduos em desenvolvimento têm uma ou outra idade. Esta idéia é mais bem demonstrada em pesquisas como a de Glen Elder (1974, 1996), o qual demonstrou variações significativas nas trajetórias do desenvolvimento de pessoas de duas diferentes coortes. Cada coorte experienciou os efeitos da Grande Depressão nos Estados Unidos (e os subseqüentes eventos históricos) de maneira completamente diversa pelo fato de terem nascido aproximadamente com uma década de diferença. Mais importante, como representado pela flecha do tempo na Figura 1, todos os aspectos do modelo podem ser pensados em termos de uma relativa constância ou mudança. Isto é válido para os próprios indivíduos em desenvolvimento, para os vários microssistemas nos quais eles estão situados ou para aqueles contextos mais amplos (exossistema e macrossistema), os quais têm influências indiretas naquilo que ocorre nos microssistemas. As culturas não permanecem as mesmas, embora em algumas épocas as mudanças ocorram com mais rapidez que em outras. Além disso, como em todas as teorias contextualistas, as influências são multidirecionais.

## 3. A teoria é suficientemente contextualista?

Na teoria de Bronfenbrenner, como em todas as teorias contextualistas, a maior atenção recai sobre as atividades e interações cotidianas, nas quais os indivíduos participam regularmente. Soma-se a isso o fato de que, dada a natureza dialética da relação entre os processos proximais, as características individuais, o contexto e o tempo no modelo PPCT, a teoria, evidentemente, ajusta-se muito melhor ao paradigma contextualista que ao mecanicismo. Em função de a teoria não incluir nenhuma noção de uma progressão de estágios das habilidades ou conhecimentos, seria difícil pensá-la como uma teoria organicista. Todavia, acredito que, do ponto de vista do paradigma contextualista, existam algumas limitações na teoria. Isto pode ser mais facilmente evidenciado quando se considera os tipos de método sobre os quais Bronfenbrenner escreveu.

Embora Bronfenbrenner tenha um grande número de publicações acadêmicas desde os anos 1940 até sua morte em 2005, ele nunca esteve muito envolvido com coleta de dados empíricos. Este fato é lamentável, uma vez que isto teria facilitado a compreensão de como ele pensava que o seu modelo PPCT deveria ser posto em prática. Em vez disso, ele preferiu muito mais comentar a pesquisa de outros investigadores que, segundo ele, aproximava-se do tipo de estudos que ele acreditava deveriam ser realizados. Por exemplo, em vários trabalhos (BRONFENBRENNER, 1993, 1995, 1999, 2001/2005b; BRONFENBRENNER & CECI, 1994; BRONFENBRENNER & MORRIS, 1998) ele ilustrou as suas idéias com os estudos de Drillien, Small e Luster, Langer e Rodin, Tulkin, Steinberg e colaboradores, Elder e outros. Contudo, a pesquisa que ele citou parece ajustar-se melhor à tradição mecanicista, positivista, da maioria das investigações científicas realizadas nos Estados Unidos, do que ao paradigma contextualista. Os estudos eram de larga escala, de abordagem quantitativa e usavam ferramentas estatísticas concebidas para métodos positivistas.

O melhor exemplo de um estudo envolvendo processos proximais, definidos conforme Bronfenbrenner, é o de Drillien (1964, citado em vários trabalhos de Bronfenbrenner a partir de 1994). Drillien estudou como a responsividade materna ao comportamento de crianças de dois anos de idade (processos proximais) variava tanto em relação ao peso com o qual a criança havia nascido (pessoa) quanto à classe social da família (contexto). Tratava-se de um estudo longitudinal, atendendo, assim, também ao requisito "tempo" do modelo PPCT. No entanto, Bronfenbrenner assinalou que, mesmo nesse estudo, a avaliação do processo proximal não era adequada, uma vez que "não [foi] dada nenhuma informação que permitisse acessar a [...] regularidade, a não-interrupção, ou em que medida ele tornava-se 'progressivamente mais complexo'" (BRONFENBRENNER, 1999, p. 8). Do ponto de vista teórico, a observação minuciosa, ao longo do tempo, parece que seria necessária, mas nem no estudo de Drillien nem em qualquer outra pesquisa referida por Bronfenbrenner encontra-se um exemplo desse tipo de enfoque sobre os processos proximais.

Bronfenbrenner não apenas citou pesquisas de outros. Ele mesmo participou de vários estudos sobre "memória prospectiva" com seu colega Steve Ceci (CECI & BRONFENBRENNER, 1985; CECI, BRONFENBRENNER & BAKER, 1988), mas, embora os estudos fossem interessantes, eles eram experimentais. Mais relevante é um estudo que ele publicou no início dos anos 1980 (BRONFENBRENNER; ALVAREZ; HENDERSON, 1984), o qual foi concebido, em parte, para testar o que ele, na época, chamava a sua teoria ecológica. O contexto incluía a classe social (medidas sobre nível educacional e renda) e o trabalho das mães fora de casa (turno integral, meio turno ou desempregada), e as características individuais eram representadas pelo gênero da criança e dos pais. Em 1984, o termo "processos proximais" ainda não tinha sido inventado, mas entendia-se que as percepções que os pais tinham sobre seus filhos influenciavam como eles os criavam. Os pais participaram de longas entrevistas abertas, durante as quais eles falaram de suas percepções sobre os seus filhos de três anos de idade. Os resultados mostraram a interação entre os fatores individuais e contextuais nas percepções dos pais sobre os seus filhos. As mães que trabalhavam em turno integral tinham as percepções mais favoráveis sobre suas filhas e as menos favoráveis em relação a seus filhos, mas apenas quando elas tinham, no mínimo, alguma educação em nível superior (O mesmo padrão, embora menos nítido, foi encontrado para os pais.) Contudo, como os autores reconheceram, faltavam dois "elos" na explicação causal:

> Um desses elos supõe que as diferenças nas percepções dos pais induzidas pela situação de trabalho das mães influenciam padrões reais de interação pais-criança. O elo final postula que as diferenças na interação pais-criança [...] têm efeitos a longo prazo detectáveis no comportamento das próprias crianças em anos posteriores (BRONFENBRENNER et al., 1984, p. 1376).

É evidente que havia alguma preocupação com o fato de que aquilo que seria mais tarde conhecido como processos proximais (interações pais-criança) e tempo não tinha sido incluídos nesse estudo, embora ambos sejam aspectos essenciais do modelo PPCT.

Todavia, mesmo após a primeira definição de Bronfenbrenner de processos proximais (BRONFENBRENNER, 1994), não há evidência de que ele tenha conduzido alguma pesquisa concebida para enfocar atividades cotidianas que ocorrem regularmente, o mecanismo principal do desenvolvimento. Métodos etnográficos, por exemplo, ter-lhe-iam permitido ver os modos como: os indivíduos, na realidade, engajam-se em atividades com seus principais parceiros; os indivíduos estudados iniciam atividades e o envolvimento de seus parceiros; os papéis sociais são negociados entre parceiros e o significado que atividades e interações têm para os indivíduos e seus parceiros. Ele não apenas nunca realizou uma pesquisa etnográfica, mas também não citou nenhum exemplo de pesquisa etnográfica para ilustrar (como ele costumava fazer) aplicações parciais do seu modelo PPCT.

Em outras palavras, Bronfenbrenner, em nível teórico, deixou claro em que consistem os processos proximais. Ele também evidenciou as limitações dos métodos que não enfocavam adequadamente os processos proximais, quando comentou tanto as suas próprias pesquisas quanto as de outros investigadores. No entanto, ele não adotou métodos que pareciam quase destinados a seus propósitos teóricos. Uma das razões, talvez, relacione-se com sua crítica inicial aos métodos observacionais (ver BRONFENBRENNER, 1977), mas outra razão parece ser sua crença de que estudos de larga escala como aqueles de Drillien, Steinberg e seus colaboradores, Small e Luster, Elder (citados extensamente em BRONFENBRENNER, 1999; BRONFENBRENNER & MORRIS, 1998) são mais aceitos cientificamente que estudos observacionais de pequena escala. Todavia, como mencionei anteriormente, os métodos empregados por esses pesquisadores ajustam-se melhor ao paradigma mecanicista que ao contextualismo.

Uma segunda razão pela qual a teoria de Bronfenbrenner parece não se coadunar com o contextualismo é, de um outro ponto de vista, uma de suas maiores virtudes. Bronfenbrenner sempre esteve bastante preocupado com as implicações políticas da pesquisa (de sua própria e de outros) e interessado em fazer alguma coisa para a vida das pessoas. Ele, portanto, sempre tinha em mente o que precisaria acontecer para que o desenvolvimento *positivo* ocorresse. No entanto, como a grande maioria dos psicólogos do desenvolvimento, ele evidentemente via o desenvolvimento positivo de uma perspectiva ocidental (principalmente norte-americana) e de classe média. Assim, escreveu sobre como os processos proximais precisam tornar-se "progressivamente mais complexos" (BRONFENBRENNER & MORRIS, 1998, p. 996) para que "sejam eficazes" (ver também BRONFENBRENNER, 1999, 2001/2005b; BRONFENBRENNER & EVANS, 2000). Tanto no estudo de Drillien (mencionado anteriormente) quanto na pesquisa de Riksen-Walraven (1978, também citada em vários trabalhos de Bronfenbrenner a partir de 1994), a responsividade parental foi considerada como "bom processo" e apropriada para o desenvolvimento.

Todavia, para o desenvolvimento, o que importa é a forma segundo a qual as pessoas tipicamente agem e interagem com objetos, símbolos e o mundo social. Esta preocupação com o que seja "bom" desenvolvimento (de um ponto de vista da classe média ocidental) é mais problemática para a perspectiva contextualista, porque indica uma insuficiente consciência do importante papel da cultura no desenvolvimento. Isto não significa que Bronfenbrenner ignore inteiramente a cultura – a sua definição de macrossistema engloba cultura, conforme anteriormente dito. No início dos anos 1970, ele escreveu acerca das diferentes concepções de moralidade nos Estados Unidos e na União Soviética (BRONFENBRENNER, 1970). Um quarto de século após, ele propôs que os pesquisadores deveriam sempre incluir em seus estudos uma comparação entre diferentes macrossistemas:

> Na medida do possível, cada programa de pesquisa em desenvolvimento humano deveria incluir, em um estágio inicial, um contraste entre no mínimo dois macrossistemas mais relevantes para o fenômeno do desenvolvimento investigado, representado não apenas por uma classificação, mas por essência psicológica (BRONFENBRENNER, 1993, p. 39).

Nesse mesmo capítulo de 1993, usando a pesquisa de Dornbusch, Ritter, Leiderman, Roberts e Fraleigh (1987) e Steinberg (1989, citada por BRONFENBRENNER, 1993), ele mostrou como os estilos parentais não apenas variavam em diferentes macrossistemas nos Estados Unidos, mas também diferiam em seus efeitos.

Contudo, a partir de 1993 encontra-se pouco em seus escritos sobre a idéia de que grupos culturais com valores, crenças, estilos de vida e padrões de intercâmbio social diferentes daqueles encontrados nas comunidades norte-americanas de classe média valorizam necessariamente diferentes tipos de processos proximais. Além disso, que eu saiba, Bronfenbrenner nunca mencionou novamente a necessidade de incluir mais de um macrossistema em qualquer programa de pesquisa. Ainda mais surpreendente, quando descreveu posteriormente a pesquisa de Steinberg, Darling e Fletcher (1995) citada em Bronfenbrenner (1995, 1999; BRONFENBRENNER & MORRIS, 1998), ele a discutiu apenas do ponto de vista dos efeitos do mesossistema (ligações casa-escola), em vez de esclarecer as formas pelas quais os diferentes macrossistemas (ou subculturas) relacionam-se com diferentes, mas igualmente eficazes, processos proximais.

Quando Bronfenbrenner definiu o macrossistema, ele não o igualou simplesmente à sociedade, mas a qualquer grupo com "um padrão abrangente de ideologia e organização das instituições sociais comuns a uma *cultura ou subcultura*" (1988, itálicos adicionados). Entretanto, ele nunca escreveu acerca das interações que evidentemente existem entre os diferentes grupos culturais dentro de qualquer sociedade. Baseado na imagem da *matrioshka* (bonecas russas), a qual ele usou inicialmente para descrever os níveis do contexto (BRONFENBRENNER, 1979/1996), diversos pesquisadores ainda hoje representam o macrossistema como o mais externo de um conjunto de círculos concêntricos. A Figura 1, anteriormente apresentada, é uma representação menos equivocada dos vários aspectos do contexto sobre os quais Bronfenbrenner escreveu. Uma representação mais precisa, porém, seria aquela na qual haveria macrossistemas interconectados. O nível mais externo representaria a sociedade como um todo. Brasil, Inglaterra e Japão, por exemplo, cada um tem diferente "padrão abrangente de ideologia e organização das instituições sociais" (BRONFENBRENNER, 1988, p. 39), mas dentro do Brasil diferentes padrões abrangentes podem ser encontrados em estados tão diversos quanto o Rio Grande do Sul, o Amazonas e a Bahia. Dentro do próprio Rio Grande do Sul, o mesmo pode ser dito sobre cidades que são predominantemente habitadas por descendentes de alemães ou italianos. Da mesma forma, no interior de qualquer cidade brasileira há boas razões para se acreditar que classe social, crença religiosa e cor da pele também estão relacionadas a diferentes padrões ideológicos e de organização das instituições sociais.

Assim, não é simples determinar qual é o macrossistema de uma pessoa. Por exemplo, uma mulher de classe média da cidade de Porto Alegre, provavelmente, descrever-se-á como uma brasileira, quando se comparar a uma mulher japonesa; quando se comparar a uma colega de São Paulo, ela dirá que é gaúcha; quando se comparar com pessoas pobres de sua cidade, é muito possível que ela se refira à sua classe social. País, região e classe social são todos fenômenos do macrossistema e não há apenas um macrossistema que seja capaz de descrever essa mulher (ou qualquer outro indivíduo). Esta visão de macrossistemas relacionados ajusta-se, penso eu, à definição de macrossistema de Bronfenbrenner e, certamente, ajusta-se bem ao contextualismo. Infelizmente, até onde sei, exceto em um capítulo (BRONFENBRENNER, 1993), ele nunca admitiu as limitações de conceber o macrossistema como um fenômeno único.

Visto que todos os macrossistemas, conforme Bronfenbrenner os definiu, diferem no que diz respeito a seus valores, crenças, práticas, ideologias, instituições etc., é muito difícil escrever, como ele o fez, acerca de "bons" processos proximais, uma vez que essas atividades e interações são valorizadas pelos membros de apenas um grupo. Como qualquer livro sobre cultura e práticas educativas mostrará (ver, por exemplo, GÖNCÜ, 1999; HARKNESS & SUPER, 2002; ROGOFF, 2003; TUDGE, no prelo; VALSINER, 1989), culturas diferem enormemente em suas idéias sobre desenvolvimento e práticas (atividades e tipos de interação tidos como apropriados). Em outras palavras, os processos proximais precisam ser considerados à luz dos valores e crenças dos macrossistemas, em vez de ter apenas um conjunto de características. O relativismo cultural que esta visão parece acarretar tem que ser modificado, quando se consideram diferentes macrossistemas dentro de um único país, particularmente quando os valores, crenças e práticas de um grupo (dominante) são tomados como sinônimo de sucesso nessa sociedade (TUDGE et al., 2006).

## 4. Conclusões

Acredito que a teoria de Bronfenbrenner possa ser considerada como uma teoria contextualista, embora ela, evidentemente, tenha suas limitações, quando examinada do ponto de vista do paradigma contextualista. A sua teoria é, certamente, contextualista, se considerarmos simplesmente o seu foco nas atividades cotidianas e interações, as quais variam de acordo com as características do indivíduo e do contexto (tanto espacial quanto temporal). No entanto, parece claro que Bronfenbrenner não deu atenção suficiente ao papel da cultura no desenvolvimento humano e considerou os valores, crenças e práticas de um grupo (o grupo cultural do qual ele fazia parte) como o ideal para todos. Talvez, a razão deva-se ao fato de que ele esteve sempre envolvido em políticas públicas e estava determinado a fazer todo o possível para melhorar a qualidade de vida das crianças norte-americanas.

Ele foi, afinal de contas, um dos fundadores do movimento *Head Start* nos Estados Unidos, cujo objetivo era ajudar as crianças das famílias pobres a competir em termos de igualdade com as crianças das famílias ricas (FREITAS & SHELTON, 2005). Estava convencido de que havia um "crescente caos na vida das crianças, jovens e famílias [norte-americanas]", e, no final de sua vida, ele se perguntava: "Como é possível reverter isso?" (BRONFENBRENNER, 2001/2005a, p. 1985; ver também BRONFENBRENNER & EVANS, 2000). Quando se têm dados de pesquisa para sustentar a visão de que determinados tipos de atividade e de interação forjam competência cognitiva e social em crianças de um grupo, é difícil não acreditar que os mesmos fatores devam ser igualmente relacionados à competência cognitiva e social em qualquer outro grupo cultural. A idéia de que grupos culturais diferentes podem ter diferentes noções sobre o que constitui competência é uma das principais características do contextualismo – mas não da teoria de Bronfenbrenner.

## Referências

BRONFENBRENNER, U. *A ecologia do desenvolvimento humano*: experimentos naturais e planejados. Porto Alegre, Artes Médicas, 1979/1996.

_____. Developmental ecology through space and time: a future perspective. In: MOEN, P.; ELDER JR., G. H.; LÜSCHER, K. (orgs.). *Examining lives in context*: perspectives on the ecology of human development. Washington-DC, American Psychological Association, 1995. pp. 619-647.

_____. Ecological models of human development. In: HUSEN, T.; POSTLETHWAITE, T. N. (orgs.). *International Encyclopedia of Education.* 2. ed. Oxford, England, Pergamon Press, 1994. v. 3, pp. 1643-1647.

_____. Environments in developmental perspective: theoretical and operational models. In: FRIEDMAN, S. L.; WACHS, T. D. (orgs.). *Measuring environment across the life span*: emerging methods and concepts. Washington-DC, American Psychological Association Press, 1999. pp. 3-28.

BRONFENBRENNER, U. Growing chaos in the lives of children, youth, and families. In: BRONFENBRENNER, U. (org.). *Making human beings human*: bioecological perspectives on human development. Thousand Oaks-CA, Sage, 2001/2005b. pp. 185-197.

_____. Interacting systems in human development. Research paradigms: present and future. In: BOLGER, N. et al. (orgs.). *Persons in context*: developmental processes. New York, Cambridge University Press, 1988, pp. 25-49.

_____. The bioecological theory of human development. In: BRONFENBRENNER, U. (org.). *Making human beings human*: bioecological perspectives on human development. Thousand Oaks-CA, Sage, 2001/2005a. pp. 3-15.

_____. The ecology of cognitive development: research models and fugitive findings. In: WOZNIAK, R.; FISCHER, K. (orgs.). *Development in context*: acting and thinking in specific environments. Hillsdale-NJ, Erlbaum, 1993. pp. 3-44.

_____. Toward an experimental ecology of human development. *American Psychologist*, v. 32, n. 7, pp. 513-531, 1977.

_____. *Two worlds of childhood*: USA and USSR. New York, Russell Sage, 1970.

_____; ALVAREZ, W. F.; HENDERSON JR., C. R. Working and watching: Maternal employment status and parents' perceptions of their three-year-old children. *Child Development*, v. 55, n. 4, pp. 1362-1378, 1984.

_____; CECI, S. Nature-nurture reconceptualized in developmental perspective: a bioecological model. *Psychological Review*, v. 101, n. 4, pp. 568-586, 1994.

_____; EVANS, G. W. Developmental science in the 21st century: emerging questions, theoretical models, research designs and empirical findings. *Social Development*, v. 9, n. 1, pp. 115-125, 2000.

_____; MORRIS, P. A. The ecology of developmental processes. In: DAMON, W. (series ed.); LERNER, R. M. (vol. ed.). *Handbook of child psychology*. 5. ed. New York, John Wiley, 1998. v. 1. Theoretical models of human development, pp. 993-1028.

CECI, S. J.; BAKER, J. Prospective remembering, temporal calibration, and context. In: GRUNEBERG, M. M.; MORRIS, P. E.; SYKES, R. N.

(eds.). *Practical aspects of memory*: current research and issues. London, Wiley Interscience, 1988. v. 1: Memory in everyday life, pp. 360-365.

CECI, S. J.; BRONFENBRENNER, U. "Don't forget to take the cupcakes out of the oven": prospective memory, strategic time-monitoring, and context. *Child Development*, v. 56, n. 1, pp. 152-164, 1985.

DA SILVA, R. C. A falsa dicotomia qualitativo-quantitativo: paradigmas que informam nossas práticas de pesquisa. In: ROMANELLI, G.; BIASOLI-ALVES, Z. M. M. (eds.). *Diálogos metodológicos sobre prática de pesquisa*. Ribeirão Preto, Legis Summa, 1998. pp. 31-50.

DORNBUSCH, S. M. et al. The relation of parenting style to adolescent school performance. *Child Development*, v. 58, pp. 1244-1257, 1987.

DRILLIEN, C. M. *Growth and development of the prematurely born infant*. Edinburgh, E. & S. Livingston, 1964.

ECKENSBERGER, L. H. Paradigms revisited: from icommensurability to respected complementarity. In: KELLER, H.; POORTINGA, Y. H.; SCHÖLMERICH, A. (eds.). *Between culture and biology*: perspectives on ontogenetic development. Cambridge, UK, Cambridge University Press, 2002. pp. 341-383.

ELDER JR., G. H. *Children of the great depression*. Chicago-IL, University of Chicago Press, 1974.

_____. Human lives in changing societies: life course and developmental insights. In: CAIRNS, R. B.; ELDER JR., G. H.; COSTELLO, E. J. (eds.). *Developmental science*. New York, Cambridge University Press, 1996. pp. 31-62.

FREITAS, L. B. L.; SHELTON, T. L. Atenção à primeira infância nos EUA e no Brasil. *Psicologia: teoria e pesquisa*, v. 21, n. 2, pp. 197-205, 2005.

GOLDHABER, D. E. *Theories of human development*: integrative perspectives. Mountain View-CA, Mayfield Publishing, 2000.

GÖNCÜ, A. (ed.) *Children's engagement in the world*: sociocultural perspectives. New York, Cambridge University Press, 1999.

HARKNESS, S.; SUPER, C. M. Culture and parenting. In: BORNSTEIN, M. H. (ed.). *Handbook of parenting*. 2. ed. Mahwah-NJ, Erlbaum, 2002. v. 2: Biology and ecology of parenting, pp. 253-280.

KUCZYNSKI, L.; DALY, K. Qualitative methods as inductive (theory-generating) research: psychological and sociological approaches. In: KUCZYNSKI, L. (ed.). *Handbook of dynamics in parent-child relations*. Thousand Oaks-CA, Sage, 2003. pp. 373-392.

KUHN, T. S. *The structure of scientific revolutions*. Chicago, University of Chicago Press, 1962.

OVERTON, W. F. World-views and their influence on psychological theory and research: Kuhn-Lakatos-Laudan. In: REESE, H. W. (ed.). *Advances in child development and behavior*. New York, Academic Press, 1984. v. 18, pp. 181-226.

PEPPER, S. C. *World hypotheses*: a study in evidence. Berkeley, University of California Press, 1942.

ROGOFF, B. *The cultural nature of human development*. New York, Oxford University Press, 2003.

STEINBERG, L.; DARLING, N. E.; FLETCHER, A. C. Authoritative parenting and adolescent adjustment: an ecological journey. In: MOEN, P.; ELDER, G. H.; LÜSCHER, K. (eds.). *Examining lives in context*: perspectives on the ecology of human development. Washington-DC, American Psychological Association, 1995. pp. 423-466.

TUDGE, J. R. H. *The everyday lives of young children*: culture, class, and child-rearing in diverse societies. New York, Cambridge University Press. No prelo.

_____. et al. A window into different cultural worlds: young children's everyday activities in the United States, Kenya, and Brazil. *Child Development*, v. 77, n. 5, pp. 1446-1469, 2006.

_____. Desenvolvimento infantil em contexto cultural: o impacto do engajamento de pré-escolares em atividades do cotidiano familiar. *Interfaces: Revista de Psicologia*, v. 2, n. 1, pp. 23-32, 1999.

_____; GRAY, J.; HOGAN, D. Ecological perspectives in human development: a comparison of Gibson and Bronfenbrenner. In: TUDGE, J.; SHANAHAN, M.; VALSINER, J. (eds.). *Comparisons in human development*: understanding time and context. New York, Cambridge University Press, 1997. pp. 72-105.

VALSINER, J. *Human development and culture*: the social nature of personality and its study. Lexington-MA, Lexington Books, 1989.

Impresso na gráfica da
Pia Sociedade Filhas de São Paulo
Via Raposo Tavares, km 19,145
05577-300 - São Paulo, SP - Brasil - 2012